Psychotricks- Manipulation in Beziehungen und im Alltag

wie du dich davor schützt

Von derselben Autorin oder demselben Autor

KEINE PANIK ! Der ultimative Survival Guide durch das Midlife Universum

KEINE PANIK !Der ultmative Hitzewelle Surf-ival Guide durch das Menopause Universum

KEINE PANIK ! Der ultimative Survival Guide durch das Chaos Universum der Pubertät

STUPID by the Feed-die gefährliche Macht der sozialen Medien

Die Kunst sich selbst zu leben-vom Mut den eigenen Weg zu gehen

Psychotricks-Manipulation in Beziehungen und im Alltag erkennen und sich davor schützen

Energievampire unsichtbare Feinde der Seele-wie Du deine Lebensenergie zurückeroberst

Mensch 2.0 wie du mit Technologie in Einklang kommst ,ohne dich selbst zu verlieren

Mara von Eichen

Psychotricks- Manipulation in Beziehungen und im Alltag

wie du dich davor schützt

Mara von Eichen

© Auflagen Mara von Eichen 2025

Verlag: BoD · Books on Demand GmbH, In de Tarpen 42,

22848 Norderstedt, bod@bod.de

Druck: Libri Plureos GmbH, Friedensallee 273, 22763 Hamburg

ISBN: 978-3-7693-8912-8

Mara von Eichen

Über die Autorin

Mara von Eichen lebt mit ihrer Familie in Südungarn und verbindet in ihren Werken Natur,Psychologie,Bewusstsein und kreative Ausdrucksformen. Als Autorin und Künstlerin betrachtet sie die Welt mit besonderer Sensibilität und Tiefgang. Ihre Sachbücher laden dazu ein, neue Perspektiven zu entdecken und die Verbindung zwischen Mensch und Technologie bewusster wahrzunehmen. In der Ruhe der unberührten Landschaft findet sie Inspiration für ihre Arbeiten, die Verstand und Seele gleichermaßen ansprechen.

Für alle, die sich nicht länger steuern lassen.
Für jene, die ihre eigenen Entscheidungen treffen wollen.
Und für die, die den Mut haben, Manipulation zu erkennen – und sich davon zu befreien.

Möge dieses Buch dir die Klarheit und die Stärke geben, deinen eigenen Weg zu gehen.

Inhaltsverzeichnis

Vorwort

Vorwort

Manipulation begegnet uns jeden Tag – oft, ohne dass wir es bemerken. Mal sind es subtile Hinweise, die uns in eine bestimmte Richtung lenken, mal gezielte Strategien, die unsere Gedanken, Gefühle und Entscheidungen beeinflussen. Ob in Beziehungen, im Beruf oder im Alltag – Manipulation ist ein stiller Begleiter, der unser Handeln unbemerkt steuern kann.

Als ich mich intensiver mit diesem Thema beschäftigte, wurde mir bewusst, wie weitreichend die Auswirkungen sein können. Manche Manipulationen sind harmlos oder sogar gut gemeint, andere dagegen zerstörerisch und toxisch. Doch eines haben sie gemeinsam: Wer sie erkennt, kann sich davor schützen.

Dieses Buch soll dir helfen, die Mechanismen hinter manipulativen Verhaltensweisen zu verstehen, sie zu entlarven und Strategien zu entwickeln, um dich selbstbewusst abzugrenzen. Wissen ist der erste Schritt zur Freiheit – und genau darum geht es hier.

Lass uns gemeinsam hinter die Fassade der Psychotricks blicken.

Mara von Eichen

Einleitung

Einleitung

Manipulation ist allgegenwärtig – in Beziehungen, im Beruf, in der Familie und sogar im Freundeskreis. Oft geschieht sie so subtil, dass wir sie erst bemerken, wenn wir uns bereits in einem Netz aus Schuldgefühlen, Zweifeln oder unbegründeten Verpflichtungen verfangen haben.

Doch was genau ist Manipulation? Wann handelt es sich um eine harmlose Beeinflussung, und wann überschreiten wir die Grenze zu psychologischer Kontrolle? Und vor allem: Wie können wir uns davor schützen?

Dieses Buch gibt dir einen Einblick in die häufigsten Manipulationstechniken, mit denen Menschen bewusst oder unbewusst Macht über andere ausüben. Es zeigt dir, wie du Manipulation erkennst, dich davon befreist und selbstbewusst für deine eigenen Bedürfnisse einstehst. Denn nur, wer die Mechanismen durchschaut, kann sich davor schützen, in psychologische Fallen zu tappen.

Bist du bereit, dein Bewusstsein zu schärfen und die Kontrolle über dein eigenes Leben zurückzugewinnen?

Dann lass uns beginnen.

Die Grundlagen emotionaler Manipulation: Eine Einführung in die Psychologie der Manipulation

1.

Emotionale Manipulation ist ein komplexes und oft unbewusst angewandtes Instrument der Einflussnahme, bei dem eine Person oder eine Gruppe die Emotionen, Gedanken und Handlungen eines anderen Menschen gezielt verändert, um einen eigenen Vorteil zu erzielen. Diese Art der Manipulation ist in vielen Kontexten zu finden, sei es in zwischenmenschlichen Beziehungen, am Arbeitsplatz, in der Werbung oder sogar in politischen Diskursen. Um emotionaler Manipulation zu begegnen, ist es wichtig, ein grundlegendes Verständnis darüber zu entwickeln, wie sie funktioniert und warum sie so effektiv sein kann.

1. Was ist emotionale Manipulation?

Emotionale Manipulation bezeichnet den Versuch, die Gefühle, Wahrnehmungen und Überzeugungen einer Person zu beeinflussen, sodass diese Person in einer Weise handelt, die zugunsten des Manipulators ausfällt. Im Gegensatz zu offener Kontrolle oder Zwang, die äußerlich erkennbar sind, nutzt emotionale Manipulation oft subtile, hinterhältige Techniken, die im Alltag unbewusst angewendet werden können.

Manipulation kann sowohl bewusst als auch unbewusst erfolgen. In vielen Fällen ist die manipulierende Person selbst nicht vollständig darüber informiert, wie ihre Handlungen die Wahrnehmung und das Verhalten des anderen beeinflussen. Sie kann glauben, dass sie lediglich ein berechtigtes Bedürfnis äußert oder eine "faire" Bitte stellt.

2. Die psychologischen Mechanismen der Manipulation

Emotionales Manipulieren beruht auf tiefen psychologischen Mechanismen, die die Wahrnehmung und das Verhalten des manipulierten Individuums beeinflussen. Einige der grundlegenden Mechanismen, die Manipulation ermöglichen, sind:

a) **Kognitive Verzerrungen:** Menschen sind oft anfällig für kognitive Verzerrungen – systematische Fehler im Denken, die die Wahrnehmung der Realität verfälschen. Diese Verzerrungen können die Manipulation erheblich erleichtern. Ein häufiges Beispiel ist die **Bestätigungsfehler (Confirmation Bias)**, bei dem eine Person nur Informationen wahrnimmt, die ihre vorgefassten Meinungen oder Wünsche bestätigen. Manipulatoren nutzen diese Verzerrung, indem sie Informationen so präsentieren, dass sie die gewünschte Antwort fördern.

b) Bindung und Abhängigkeit: Manipulation funktioniert oft besonders gut, wenn eine emotionale Bindung zwischen der manipulierenden Person und dem Opfer besteht. In solchen Fällen kann das Opfer in eine **emotionale Abhängigkeit** geraten, bei der es Schwierigkeiten hat, sich von der manipulierenden Person zu lösen, selbst wenn die Manipulation offensichtlich wird. Manipulatoren nutzen diese Bindungen, um ihre Macht zu stärken und die Entscheidungen des Opfers in ihrem eigenen Interesse zu lenken.

c) Schuld und Scham: Die Erzeugung von Schuld- oder Schamgefühlen ist eine häufige Technik in der emotionalen Manipulation. Ein Manipulator kann das Opfer dazu bringen, sich für Dinge verantwortlich zu fühlen, die es gar nicht getan hat oder die nicht seine Schuld sind. Dies führt dazu, dass das Opfer ein verzerrtes Bild seiner eigenen Handlungen entwickelt und sich verpflichtet fühlt, dem Manipulator zu gefallen oder seine Wünsche zu erfüllen.

d) Gaslighting: Eine besonders perfide Form der Manipulation ist das **Gaslighting**, bei dem die Wahrnehmung der Realität des Opfers systematisch in Frage gestellt wird. Der Manipulator sorgt dafür, dass das Opfer an seinen eigenen Wahrnehmungen, Gedanken und Gefühlen zweifelt. Dies kann langfristig zu erheblichem Selbstzweifel und Unsicherheit führen, wodurch das Opfer zunehmend anfälliger für die Manipulation wird.

3. Die verschiedenen Techniken der emotionalen Manipulation

Manipulation kann in vielen Formen auftreten. Einige der am häufigsten eingesetzten Techniken sind:

a) Love Bombing: Bei dieser Technik wird das Opfer mit übermäßiger Zuneigung und Aufmerksamkeit überschüttet, um es emotional zu binden. Sobald diese Bindung hergestellt ist, wird der Manipulator zunehmend kontrollierender, um das Opfer zu manipulieren.

b) Playing the Victim: Manipulierende Personen neigen dazu, sich selbst als Opfer darzustellen, um das Mitleid ihrer Umgebung zu gewinnen und von anderen zu bekommen, was sie wollen. Sie nutzen Mitgefühl und Fürsorglichkeit aus, um die anderen Menschen dazu zu bringen, ihre Wünsche zu erfüllen.

c) Schuldumkehr: Diese Technik besteht darin, dem Opfer die Verantwortung für die eigenen negativen Gefühle oder Probleme zuzuschreiben. Anstatt die Schuld für das Problem bei sich selbst zu suchen, kehrt der Manipulator die Situation um und lässt das Opfer sich schuldig fühlen.

d) Drohungen und Einschüchterung: Manipulation kann auch durch Androhung von Strafen, dem Entzug von Zuneigung oder durch verbale und nonverbale Drohungen geschehen. Das Ziel ist es, Angst zu erzeugen und die Person so zu zwingen, sich den Wünschen des Manipulators zu beugen.

4. Warum ist emotionale Manipulation so effektiv?

Es gibt mehrere Gründe, warum emotionale Manipulation so wirkungsvoll sein kann:

a) Das Bedürfnis nach Bestätigung: Menschen sind von Natur aus soziale Wesen, die das Bedürfnis haben, gemocht und akzeptiert zu werden. Manipulatoren nutzen dieses Bedürfnis aus, indem sie sich als Quelle von Bestätigung und Anerkennung präsentieren. Sobald das Opfer emotional von der manipulierenden Person abhängig wird, wird es zunehmend schwieriger, sich der Manipulation zu entziehen.

b) Der Einfluss von Emotionen: Emotionen sind starke Triebkräfte des menschlichen Verhaltens. Manipulatoren sind geschickt darin, die emotionalen Reaktionen des Opfers zu lenken, um seine Wahrnehmung und Entscheidungen zu beeinflussen. Angesichts der Tatsache, dass viele Menschen ihre Emotionen als Leitfaden für Entscheidungen verwenden, kann Manipulation durch gezielte emotionale Appelle sehr effektiv sein.

c) Kognitive Dissonanz: Kognitive Dissonanz beschreibt den Zustand des inneren Konflikts, den eine Person erlebt, wenn ihre Überzeugungen und Handlungen nicht im Einklang stehen. Manipulierende Personen schaffen oft Situationen, in denen das Opfer die Kluft zwischen seinem eigenen Verhalten und den eigenen Überzeugungen ausgleichen muss, was dazu führt, dass das Opfer nachgibt, um den Konflikt zu be-seitigen.

d) Langsame Eskalation: Oft beginnt emotionale Manipulation mit kleinen, harmlos erscheinenden Handlungen, die im Laufe der Zeit immer stärker wer-den. Dies führt dazu, dass das Opfer die Manipulation zunächst nicht erkennt, da sie sich schrittweise steigert und nicht sofort als problematisch wahrgenommen wird. Diese langsame Eskalation macht es schwieriger, sich zu wehren, da das Opfer nicht sofort auf die prob-lematischen Verhaltensweisen aufmerksam wird.

5. Wie man sich vor emotionaler Manipulation schützt

Ein Bewusstsein für die verschiedenen Manipula-tionstechniken ist der erste Schritt, um sich davor zu schützen. Wichtige Schutzmaßnahmen sind:

- **Grenzen setzen:** Klar definierte persönliche Grenzen helfen dabei, sich vor unberechtig-tem Einfluss zu schützen.
- **Selbstreflexion:** Sich regelmäßig mit eige-nen Gefühlen und Gedanken auseinanderzu-setzen, kann helfen, die Auswirkungen von Manipulation zu erkennen.

- **Kommunikation:** Offene und ehrliche Kommunikation kann helfen, manipulative Verhaltensweisen zu entlarven.
- **Vertrauen in den eigenen Instinkt:** Wenn etwas nicht richtig erscheint oder sich falsch anfühlt, sollte man dem eigenen Bauchgefühl vertrauen und hinterfragen, warum bestimmte Verhaltensweisen irritierend sind.

Schlussfolgerung

Emotionale Manipulation ist eine kraftvolle und oft unsichtbare Form der Einflussnahme, die auf den tiefsten psychologischen Mechanismen des menschlichen Verhaltens beruht. Sie kann in verschiedenen Formen auftreten und ist besonders effektiv, weil sie mit den Grundbedürfnissen des Menschen, wie Bindung, Bestätigung und emotionaler Sicherheit, spielt. Ein bewusstes Verständnis der Mechanismen und Techniken emotionaler Manipulation ist entscheidend, um sich vor ihr zu schützen und gesunde zwischenmenschliche Beziehungen zu pflegen.

Mobbing – Formen, Auswirkungen und Wege aus dem Teufelskreis

2.

Mobbing ist ein weitverbreitetes, aber häufig unterschätztes Phänomen, das sowohl in der Schule als auch am Arbeitsplatz und in anderen sozialen Umfeldern vorkommen kann. Es handelt sich um eine systematische und wiederholte Schikane, die sich gegen eine Einzelperson richtet und diese gezielt ausgrenzt, herabsetzt oder emotional belastet. Oft wird Mobbing nicht als solches erkannt, da es sich in subtile und schleichende Formen kleiden kann. Dennoch hat Mobbing gravierende Auswirkungen auf das Leben der betroffenen Person, die sowohl physischer als auch psychischer Natur sein können.

In diesem Kapitel werden wir uns mit den verschiedenen Formen von Mobbing beschäftigen, die psychologischen und emotionalen Auswirkungen auf das Opfer untersuchen und wirksame Strategien zum Umgang mit und zur Prävention von Mobbing aufzeigen.

1. Was ist Mobbing?

Mobbing bezeichnet wiederholte, gezielte Angriffe auf eine Einzelperson, die in einer Position der Schwäche oder Isolation ist. Der Begriff kommt aus dem Englischen („to mob" – angreifen oder bedrängen) und beschreibt die gezielte psychische und/oder physische Belastung einer Person durch eine Gruppe oder einzelne Personen. Mobbing kann in verschiedenen Formen auftreten:

- **Verbales Mobbing:** Hierbei werden die Opfer durch Spott, Beleidigungen, abwertende Kommentare oder die Verbreitung von Gerüchten verletzt.

- **Soziales Mobbing:** Dabei geht es um die Isolation und Ausgrenzung des Opfers aus sozialen Gruppen, um ihm das Gefühl zu geben, nicht dazuzugehören.

- **Körperliches Mobbing:** Dies kann physische Gewalt oder Bedrohungen beinhalten, sei es durch Schubsen, Schlagen oder Zerstören von Eigentum.

- **Cybermobbing:** Diese moderne Form des Mobbings findet über digitale Kanäle wie soziale Netzwerke, Foren oder Nachrichtenplattformen statt und kann genauso grausam wie traditionelles Mobbing sein.

Mobbing wird oft als eine wiederholte Form des Missbrauchs wahrgenommen, bei der das Opfer über längere Zeiträume hinweg zum Ziel von Aggressionen oder negativen Handlungen wird. Im Gegensatz zu einem einmaligen Konflikt oder einer Auseinandersetzung ist Mobbing ein systematischer Prozess, bei dem die Opfer psychisch und emotional erpresst oder unter Druck gesetzt werden.

2. Formen des Mobbings

a) Verbales Mobbing

Verbales Mobbing ist eine der häufigsten Formen und umfasst beleidigende Bemerkungen, Spott, Lästereien und Beleidigungen. Diese Art von Mobbing kann tief in das Selbstwertgefühl des Opfers eingreifen, indem es wiederholt das Gefühl vermittelt, weniger wert zu sein oder inakzeptabel. Beispiele für verbales Mobbing sind:

- Beleidigungen aufgrund des Aussehens, der Herkunft oder der sexuellen Orientierung
- Ständige negative Kommentare über die Arbeit oder Leistung des Opfers

- Verbreitung von Gerüchten, die das Ansehen des Opfers schädigen

b) Soziales Mobbing

Soziales Mobbing geht häufig mit sozialer Isolation einher, indem das Opfer von Gruppen oder Einzelpersonen absichtlich ausgeschlossen wird. Dies kann zu einem Gefühl der Entfremdung und der Einsamkeit führen, das das Opfer langfristig belastet. Zu den Beispielen gehören:

- Das Opfer zu sozialen Anlässen oder Gesprächen auszuschließen
- Das Verhindern von Kontaktaufnahme oder Freundschaften
- Das Leugnen von Informationen oder das Verweigern von Hilfeleistungen

c) Körperliches Mobbing

Körperliches Mobbing umfasst direkte physische Gewaltakte, wie Schubsen, Schlagen, Treten oder das Zerstören des Eigentums des Opfers. Diese Art von Mobbing ist zwar oft seltener als verbales oder soziales Mobbing, kann jedoch zu ernsthaften physischen Verletzungen und emotionalen Traumata führen. Beispiele sind:

- Körperliche Angriffe oder Drohungen

- Zerstörung von persönlichen Gegenständen des Opfers
- Ständiges Umstöbern des Schreibtisches oder von persönlichen Besitztümern

d) Cybermobbing

Cybermobbing nutzt die Anonymität des Internets, um Opfer über digitale Plattformen zu belästigen. Hierbei kann das Mobbing über soziale Netzwerke, Chats, E-Mails oder sogar in Spielen stattfinden. Cybermobbing kann genauso schlimm sein wie traditionelles Mobbing, da es das Opfer in der Öffentlichkeit bloßstellt und die Angriffe oft rund um die Uhr stattfinden. Formen von Cybermobbing sind:

- Verbreitung von verletzenden Gerüchten oder Fotos online
- Bedrohungen oder belästigende Nachrichten
- Das Hacken von Konten, um den Ruf des Opfers zu schädigen

3. Psychologische und emotionale Auswirkungen von Mobbing

Die psychischen Auswirkungen von Mobbing sind tiefgreifend und können das Leben des Opfers für Jahre oder sogar ein Leben lang beeinflussen. Zu den häufigsten psychischen Reaktionen gehören:

- **Angststörungen:** Mobbing kann zu anhaltenden Ängsten führen, insbesondere vor sozialen Interaktionen oder vor der Rückkehr in das Umfeld, in dem das Mobbing stattfand.

- **Depression:** Mobbing kann das Selbstwertgefühl des Opfers erheblich mindern und zu schwerer Depression führen, bei der die betroffene Person das Gefühl hat, wertlos oder unwürdig zu sein.

- **Posttraumatische Belastungsstörung (PTBS):** Bei schwerem Mobbing kann es zu einer posttraumatischen Belastungsstörung kommen, bei der das Opfer immer wieder an das Erlebte erinnert wird, oft durch Flashbacks und Albträume.

- **Selbstverletzung und Suizidgedanken:** In besonders extremen Fällen kann Mobbing zu Selbstverletzung oder sogar zu Suizidgedanken führen, wenn das Opfer keine andere Möglichkeit sieht, dem Druck zu entkommen.

4. Wie man mit Mobbing umgeht

a) Das Gespräch suchen

Das Gespräch mit der mobbenden Person oder mit einer Vertrauensperson kann der erste Schritt sein, um Mobbing zu beenden. Viele Mobber handeln aus einer gewissen Unwissenheit oder haben möglicherweise ihre eigenen ungelösten Probleme. Das Gespräch mit der Person kann oft zu einer Klärung führen.

b) Hilfe suchen

Es ist wichtig, sich Unterstützung zu holen – sei es durch Kollegen, Freunde, Familie oder professionelle Berater. In vielen Fällen kann die Unterstützung von außen helfen, die Situation objektiv zu betrachten und Lösungen zu finden.

c) Dokumentation

Eine wichtige Maßnahme, um Mobbing zu beenden, ist die detaillierte Dokumentation der Vorfälle. Dies kann durch das Führen eines Tagebuchs oder das Sammeln von Beweisen erfolgen, die später bei einer Intervention oder bei rechtlichen Schritten von Nutzen sein können.

d) Rechtliche Schritte

In einigen Fällen, insbesondere bei körperlichem Mobbing oder Cybermobbing, können rechtliche Schritte notwendig werden. Hierzu gehört das Melden des Vorfalls bei der Polizei oder das Einreichen einer Klage.

5. Prävention von Mobbing

Die Prävention von Mobbing beginnt oft bei der Schaffung eines respektvollen und unterstützenden Umfelds. In Schulen und am Arbeitsplatz sollten klare Verhaltensregeln und Anti-Mobbing-Programme etabliert werden. Zu den wirksamen Maßnahmen gehören:

- **Aufklärung und Sensibilisierung:** Aufklärung über die negativen Auswirkungen von Mobbing und das Schaffen eines Bewusstseins für respektvolles Verhalten.
- **Frühzeitige Intervention:** Mobbing sollte sofort erkannt und angegangen werden, bevor es zu einem großen Problem wird.
- **Unterstützungssysteme:** Es ist wichtig, dass sowohl in Schulen als auch am Arbeitsplatz Unterstützungssysteme bestehen, die es Opfern erleichtern, Hilfe zu suchen.

Fazit

Mobbing ist ein ernstes Problem, das nicht nur die Lebensqualität des Opfers stark beeinträchtigt, sondern auch die soziale und emotionale Gesundheit einer Gemeinschaft oder eines Arbeitsplatzes. Das Verständnis der verschiedenen Formen von Mobbing und ihrer Auswirkungen ist entscheidend, um dieses Problem anzugehen und zu bekämpfen. Prävention, Aufklärung und eine frühzeitige Intervention können dabei helfen, Mobbing zu verhindern und den betroffenen Personen einen Weg aus dem Teufelskreis der Schikane zu ermöglichen.

Emotionale Erpressung

3.

„Wenn du mich wirklich liebst, würdest du das für mich tun. "

Emotionale Erpressung ist eine der subtilsten und gleichzeitig mächtigsten Formen der Manipulation. Sie funktioniert, indem sie unsere Gefühle – Liebe, Schuld, Angst oder Verpflichtung – gegen uns verwendet. Oft erkennen wir erst spät, dass wir in einem emotionalen Gefängnis sitzen.

Erkennen: Wie sieht emotionale Erpressung aus?

Emotionale Erpressung kann sich in vielen Formen zeigen. Typisch sind:

Drohungen: „Wenn du mich verlässt, werde ich mir etwas antun."

Schuldzuweisungen: „Du bist schuld, wenn das hier alles kaputtgeht."

Emotionale Appelle: „Nach allem, was ich für dich getan habe, bist du das mir schuldig."

Belohnung und Bestrafung: Zuneigung wird entzogen, wenn man nicht spurt.

Oft arbeiten Erpresser mit Schwarz-Weiß-Denken: „Entweder tust du, was ich will, oder du bist gegen mich." Diese Manipulation führt dazu, dass Betroffene sich ständig schuldig fühlen oder Angst haben, etwas falsch zu machen.

Methoden: Typische Strategien von emotionalen Erpressern

1. Schuldgefühl erzeugen:

„Ich habe so viel für dich aufgegeben, und so dankst du es mir?"

Ziel: Dich in die Verantwortung zu ziehen, damit du dich verpflichtet fühlst.

2. Angst schüren:

„Wenn du mich verlässt, komme ich nicht mehr klar."

Ziel: Dich davon abhalten, eigenständig Entscheidungen zu treffen.

3. Opferrolle einnehmen:

„Ich bin immer derjenige, der leidet, während du dein Leben genießt."

Ziel: Mitleid erzeugen und Kontrolle gewinnen.

4. Verdeckte Drohungen:

„Ich weiß nicht, wie ich ohne dich leben soll."

Ziel: Panik auslösen, dich in der Beziehung halten.

5. Übertriebene Erwartungen:

„Du bist mein Ein und Alles, ohne dich habe ich nichts."

Ziel: Emotionale Abhängigkeit herstellen.

Schutz: Wie man sich gegen emotionale Erpressung wehrt

1. Erkenne die Muster:

Schreibe die Aussagen oder Handlungen des Erpressers auf. Analysiere, ob sie manipulativ sind.

2. Setze klare Grenzen:

Antworte ruhig, aber bestimmt: „Ich lasse mich nicht unter Druck setzen."

3. Bleibe bei deinen Entscheidungen:

Lass dich nicht von Schuldgefühlen oder Drohungen manipulieren.

4. Suche Unterstützung:

Sprich mit Freunden, Familie oder einem Therapeuten. Außenstehende sehen die Situation oft klarer.

5. Ziehe Konsequenzen:

Wenn der Erpresser nicht aufhört, überlege, ob eine räumliche oder emotionale Distanz notwendig ist.

Fazit

Emotionale Erpressung ist eine perfide Taktik, die unsere tiefsten Gefühle angreift. Doch du bist nicht wehrlos. Indem du die Manipulation erkennst, dich abgrenzst und deine eigene Stärke findest, kannst du dich aus dieser Dynamik befreien. Denk daran: Es ist niemals egoistisch, für dein eigenes Wohl zu sorgen.

Gaslighting

4.

„Du bist verrückt, das ist nie passiert."

Gaslighting ist eine manipulative Technik, bei der eine Person gezielt die Wahrnehmung und das Selbstverständnis eines anderen Menschen in Frage stellt. Der Name stammt von einem Theaterstück und später einem Film, in dem ein Mann versuchte, seine Frau in den Wahnsinn zu treiben, indem er das Licht dimmte und ihr einredete, sie würde es sich nur einbilden. Gaslighting kann dazu führen, dass du beginnst, an deinem eigenen Verstand zu zweifeln und dich immer unsicherer fühlst.

Erkennen: Wie sieht Gaslighting aus?

Gaslighting ist nicht immer direkt erkennbar, weil es subtil und schleichend erfolgt. Typische Anzeichen sind:

Verleugnung von Ereignissen: „Das hast du dir nur eingebildet."

Falsche Darstellungen der Realität: „Das ist nie passiert, du hast es nur falsch verstanden."

Verdrehung der Worte oder Taten: „Ich habe das nie gesagt, du erinnerst dich falsch."

Verleugnung von Gefühlen: „Du bist überempfindlich, das war gar nicht so gemeint."

Übertriebenes Verhalten: Übermäßige Entschuldigungen oder Zuneigung, gefolgt von Manipulation.

Gaslighting kann sowohl in persönlichen Beziehungen als auch am Arbeitsplatz oder in anderen sozialen Kontexten vorkommen. Die Auswirkungen können gravierend sein und das Vertrauen in die eigene Wahrnehmung stark untergraben.

Methoden: Typische Strategien des Gaslighters

1. Beständige Lügen:

„Das hast du falsch verstanden."

Ziel: Deine Wahrnehmung der Realität anzweifeln.

2. Verschiebung der Schuld:

„Du machst aus einer Mücke einen Elefanten."

Ziel: Dich dazu bringen, dich selbst zu hinterfragen und die Schuld bei dir zu suchen.

3. Häufige Minimierung:

„Das ist doch nicht so schlimm, du reagierst über."

Ziel: Deine Gefühle und Bedenken als irrational abzutun.

4. Verzerrte Fakten:

„Du hast das völlig falsch in Erinnerung, es war nie so."

Ziel: Deine Realität zu verzerren und deine Erinnerungen infrage zu stellen.

5. Verwirrende Widersprüche:

„Ich habe dir doch genau gesagt, was ich dachte, aber du bist einfach nicht fähig, zuzuhören."

Ziel: Dich in eine Verwirrung zu stürzen und deine Fähigkeit, dich klar auszudrücken, in Frage zu stellen.

Schutz: Wie man sich gegen Gaslighting wehrt

1. Vertraue auf deine Wahrnehmung:

Halte dich an die Fakten. Wenn du etwas klar gesehen oder erlebt hast, lasse dich nicht von der Manipulation verunsichern.

2. Dokumentiere Ereignisse:

Halte auf, was passiert, und dokumentiere deine Gedanken und Erlebnisse, um klare Beweise für deine Wahrnehmung zu haben.

3. Sprich mit anderen Menschen:

Vergewissere dich, dass deine Wahrnehmung korrekt ist, indem du mit anderen über die Situation sprichst.

4. Grenzen setzen:

Lass nicht zu, dass deine Realität infrage gestellt wird. Sage klar: „Ich weiß, was ich erlebt habe, und ich werde es nicht in Frage stellen lassen."

5. Suche professionelle Hilfe:

Ein Therapeut oder Berater kann dir helfen, deine Wahrnehmung zu stärken und den Gaslighting-Effekt zu durchbrechen.

Fazit

Gaslighting ist eine perfide Technik, die darauf abzielt, deine Wahrnehmung und deinen Glauben an dich selbst zu zerstören. Es kann sehr schwierig sein, sich gegen Gaslighting zu wehren, da es oft subtil und schrittweise erfolgt. Doch mit der richtigen Wahrnehmung, Dokumentation und Unterstützung kannst du dich wieder auf deinen Verstand und deine Wahrheit verlassen. Du bist nicht verrückt – du bist nicht der, der das Problem hat.

Stalking

5.

„Ich kann dich nicht vergessen. Du wirst immer bei mir sein."

Stalking ist eine weit verbreitete Form von psychischer Gewalt, die oft unterschätzt wird. Es beginnt oft harmlos, mit dem Versuch, Kontakt aufzunehmen, kann aber schnell zu einer besessenen und bedrohlichen Jagd nach der Person werden. Stalker versuchen, den Alltag ihres Opfers zu kontrollieren und schikanieren es mit wiederholten, unerwünschten Handlungen.

Erkennen: Wie sieht Stalking aus?

Stalking ist in der Regel durch wiederholtes, unerwünschtes Verhalten gekennzeichnet, das das Leben des Opfers stark einschränken kann. Typische Merkmale sind:

Wiederholte Kontaktversuche: Anrufe, Nachrichten, E-Mails, die nicht erwünscht sind.

Folgen oder Beobachten: Der Stalker verfolgt das Opfer, taucht überall dort auf, wo das Opfer ist, oder beobachtet es heimlich.

Einmischung in den Alltag: Stalker versuchen, in das Privatleben ihres Opfers einzudringen, indem sie sich über Freunde, Familie oder soziale Netzwerke Informationen beschaffen.

Drohanrufe oder -nachrichten: „Ich weiß, wo du bist. Ich werde dich nie verlassen."

Übermäßige Besessenheit: Der Stalker glaubt, das Opfer müsse „gehören" und verweigert die Trennung oder akzeptiert eine klare Ablehnung nicht.

Stalking kann zu enormem psychischem Stress und Angst führen. Die psychologische Belastung ist oft genauso schwerwiegend wie körperliche Gewalt.

Methoden: Typische Strategien des Stalkers

1. Übermäßige Kommunikation:

Häufige Anrufe, Textnachrichten oder Social-Media-Nachrichten, die ignoriert oder abgelehnt werden.

Ziel: Den Kontakt immer wieder aufrechtzuerhalten, auch wenn das Opfer dies nicht will.

2. Verfolgung:

Der Stalker folgt dem Opfer zu Orten, die es regelmäßig besucht, wie zur Arbeit, zu Freunden oder zu öffentlichen Veranstaltungen.

Ziel: Das Gefühl von Kontrolle und Besitz über das Opfer ausüben.

3. Überwachung:

Der Stalker überwacht das Opfer durch GPS-Tracking, die Kontrolle über das Handy oder Social-Media-Konten.

Ziel: Ständige Überwachung, um das Opfer zu ängstigen und in seiner Bewegungsfreiheit einzuschränken.

4. Drohungen:

„Du wirst es bereuen, wenn du nicht mit mir redest."

Ziel: Einschüchterung und das Gefühl der Ohnmacht beim Opfer erzeugen.

5. Verwendung von Dritten:

Der Stalker kann Freunde oder Familienmitglieder des Opfers in die Situation involvieren, um Druck aufzubauen.

Ziel: weitere Kontrolle und Manipulation des Opfers durch indirekten Kontakt.

Schutz: Wie man sich gegen Stalking wehrt

1. Ignoriere alle Kontaktversuche:

Blockiere den Stalker auf allen Plattformen, und nimm keine unerwünschten Nachrichten entgegen.

2. Dokumentiere alle Vorfälle:

Halte jede Form von Stalking schriftlich fest – Datum, Uhrzeit und Art des Vorfalls. Dies hilft bei rechtlichen Schritten.

3. Setze klare Grenzen:

Sage dem Stalker unmissverständlich, dass du keinen Kontakt wünschst und sein Verhalten inakzeptabel ist.

4. Suche Unterstützung:

Informiere Freunde, Familie oder Kollegen, damit sie dir beistehen können.

Ziehe in Betracht, rechtliche Hilfe in Anspruch zu nehmen, wenn die Situation eskaliert.

5. Sichere dein Umfeld:

Ändere deine Online-Passwörter, deine Telefonnummer und ziehe in Erwägung, die Wohnung zu wechseln, wenn die Gefahr besteht.

Fazit

Stalking ist eine ernste und oft unterschätzte Form der Belästigung, die tiefgehende emotionale und psychologische Auswirkungen auf das Opfer hat. Es ist wichtig, sofortige Schritte zu unternehmen, um sich selbst zu schützen und Hilfe zu suchen. Du hast das Recht, in deinem eigenen Leben frei und sicher zu sein.

Erpressung durch Abhängigkeit

6.

„Du bist der einzige, der mir helfen kann. Ohne dich werde ich nicht zurechtkommen."

Erpressung durch Abhängigkeit entsteht, wenn jemand absichtlich eine Position der Schwäche oder Bedürftigkeit einnimmt, um von anderen Unterstützung oder bestimmte Handlungen zu erzwingen. Diese Art von Erpressung spielt auf die Emotionen der betroffenen Person an, indem sie das Gefühl vermittelt, dass sie für das Wohl einer anderen Person verantwortlich ist. Oft handelt es sich dabei um finanzielle, emotionale oder körperliche Abhängigkeit.

Die Erpressung durch Abhängigkeit ist eine subtile, aber sehr effektive Manipulationstechnik, die das Opfer dazu bringt, sich für das Wohlergehen einer anderen Person verantwortlich zu fühlen, und es unter Druck setzt, seine eigenen Bedürfnisse zugunsten des anderen zurückzustellen.

Erkennen: Wie sieht Erpressung durch Abhängigkeit aus?

Dauerhafte Bedürftigkeit: Die Person zeigt ständig eine Form der Abhängigkeit und betont, wie dringend sie Hilfe benötigt – sei es finanziell, emotional oder körperlich.

Unrealistische Anforderungen: „Du musst mir helfen, oder ich werde nicht überleben" oder „Ich kann ohne dich nicht leben".

Zweifelhafte Schuldzuweisungen: „Wenn du mir nicht hilfst, wirst du für meine Situation verantwortlich sein."

Übermäßige Schuldgefühle: Das Opfer fühlt sich gezwungen, zu helfen, weil es das Gefühl hat, die Konsequenzen tragen zu müssen, wenn es ablehnt.

Die Person, die Erpressung durch Abhängigkeit betreibt, erweckt oft den Eindruck, dass sie ohne die Hilfe des Opfers nicht in der Lage ist, zu überleben oder zu funktionieren.

Methoden: Typische Strategien der Erpressung durch Abhängigkeit

1. Dauerhafte Forderungen nach Hilfe:

Die betroffene Person stellt ständig Forderungen und erwartet, dass das Opfer seine Zeit, Energie oder Ressourcen aufwendet, um ihr zu helfen, ohne dies zu hinterfragen.

2. Selbstmitleid und Opferhaltung:

Der Erpresser stellt sich als „Opfer" dar: „Niemand hilft mir. Du bist der Einzige, der mich versteht."

Ziel: Das Opfer zu einem Schuldgefühl zu bewegen und das Gefühl zu erzeugen, dass es keine Wahl hat, als zu helfen.

3. Drohen mit schweren Konsequenzen:

„Wenn du mir nicht hilfst, werde ich alles verlieren und es wird deine Schuld sein."

Ziel: Die Verantwortung für das Leben der anderen Person dem Opfer zuzuschieben, um es unter Druck zu setzen.

4. Gefühlsmanipulation:

„Ich habe dir so oft geholfen, jetzt musst du mir helfen."

Ziel: Schuldgefühle durch vergangene Taten des Opfers zu erzeugen, um es zu manipulieren.

5. Verstärkter Appell an das Gewissen:

Der Erpresser stellt die Situation als eine Frage der moralischen Verantwortung dar: „Was für ein Mensch bist du, wenn du mich im Stich lässt?"

Ziel: Das Opfer zu manipulieren, indem es sein eigenes moralisches Gewissen anspricht und den Druck verstärkt, zu helfen.

Schutz: Wie man sich gegen Erpressung durch Abhängigkeit wehrt

1. Setze klare und gesunde Grenzen:

Lerne, deine eigenen Bedürfnisse zu erkennen und zu priorisieren. Es ist okay, „nein" zu sagen, ohne Schuld zu empfinden. Du bist nicht verantwortlich für das Leben anderer Menschen.

2. Erkenne das Muster:

Achte darauf, wenn jemand immer wieder in eine Rolle der Abhängigkeit schlüpft, um Hilfe zu erzwingen. Dies ist oft eine Manipulationstaktik, die das Opfer in eine kontrollierte Situation bringt.

3. Kommuniziere offen:

Erkläre deine eigenen Grenzen und Bedürfnisse klar. Lass die betroffene Person wissen, dass du nicht immer in der Lage bist, ihre Anforderungen zu erfüllen.

4. Stärke dein Selbstwertgefühl:

Erinnere dich daran, dass du nicht verantwortlich bist für das Wohlergehen anderer, es sei denn, du entscheidest dich bewusst dafür. Dein Leben und deine Energie gehören dir.

5. Suche professionelle Hilfe:

Wenn die Situation eskaliert oder du das Gefühl hast, dass die Abhängigkeit ausgenutzt wird, kann es sinnvoll sein, professionelle Unterstützung wie Beratung oder Therapie in Anspruch zu nehmen.

Fazit

Erpressung durch Abhängigkeit ist eine manipulative Taktik, bei der jemand versucht, das Opfer durch Schuldgefühle oder das Gefühl der Verantwortung zu kontrollieren. Es ist wichtig, klare Grenzen zu setzen und zu verstehen, dass es nicht deine Aufgabe ist, das Leben oder die Entscheidungen anderer zu tragen. Selbstschutz und ein starkes Bewusstsein für diese Manipulationstechniken sind der Schlüssel, um sich aus dieser Art der Erpressung zu befreien.

Erpressung durch Kinder

7.

„Wenn du nicht tust, was ich will, werde ich es meinen Eltern sagen."

Die Erpressung durch Kinder ist ein komplexes und sensibles Thema, das häufig auftritt, wenn Kinder versuchen, durch Manipulation oder Drohungen Einfluss auf ihre Eltern oder andere Bezugspersonen zu nehmen. Dabei nutzen sie oft emotionale Appelle oder eine Machtdemonstration, um bestimmte Wünsche oder Ziele durchzusetzen. Diese Art der Erpressung ist besonders problematisch, weil sie die emotionale Bindung zwischen den Beteiligten ausnutzt und den Druck auf die Erwachsenen erhöht.

Erkennen: Wie sieht Erpressung durch Kinder aus?

Drohungen mit Schuldgefühlen: „Wenn du mir nicht hilfst, dann werde ich traurig sein."

Manipulation von Emotionen: „Du liebst mich nicht, wenn du mir das nicht erlaubst."

Übertriebene Forderungen: „Ich will dieses Spielzeug, sonst spiele ich nicht mehr mit dir."

Schuldzuweisungen: „Es ist deine Schuld, dass ich mich schlecht fühle."

Externe Drohungen: „Ich werde meinen Eltern alles erzählen, wenn du mir nicht hilfst."

Kinder, die diese Taktiken anwenden, versuchen oft, die Macht in der Beziehung zu übernehmen, indem sie auf die Bedürfnisse und das Mitgefühl der Erwachsenen abzielen.

Methoden: Typische Strategien der Erpressung durch Kinder

1. Emotionale Erpressung:

Ein Kind kann sein Verhalten ändern, um eine emotionale Reaktion bei den Erwachsenen hervorzurufen, z. B. indem es übermäßig traurig oder wütend wird. Das Ziel ist, dass die Erwachsenen sich schuldig fühlen und auf die Forderungen eingehen.

2. Schuldgefühle schüren:

„Du hast mir das versprochen und jetzt tust du es nicht. Warum hast du mich enttäuscht?"

Ziel: Das Kind nutzt das Verantwortungsgefühl der Eltern aus, um eine Verpflichtung zu erzwingen.

3. Drohungen mit negativen Konsequenzen:

Ein Kind kann behaupten, dass es negative Konsequenzen erleben wird, wenn seine Wünsche nicht erfüllt werden, z. B. schlechtere Noten, Probleme in der Schule oder andere Schwierigkeiten.

4. Externe Androhung:

Manchmal nutzt ein Kind auch den Einfluss der Eltern oder anderer Verwandter, um seine Wünsche durchzusetzen: „Ich werde meinem Vater sagen, dass du mir das nicht erlaubt hast."

5. Verweigerung von Zuneigung:

Das Kind kann drohen, Zuneigung zu entziehen oder sich emotional von den Eltern zu distanzieren, wenn es seine Wünsche nicht erfüllt bekommt.

Schutz: Wie man sich gegen Erpressung durch Kinder wehrt

1. Setze klare und konsistente Grenzen:

Es ist wichtig, dass Kinder lernen, dass sie nicht durch Manipulation oder Erpressung ihre Ziele erreichen können. Klare, konsequente Grenzen sind der Schlüssel zu einer gesunden Beziehung.

2. Vermeide emotionale Reaktionen:

Wenn ein Kind emotional reagiert, versuche ruhig zu bleiben und nicht in die Erpressung zu geraten. Reagiere mit einem klaren „Nein", wenn es notwendig ist, und bleibe ruhig und gefasst.

3. Stärkung des Selbstwertgefühls des Kindes:

Manchmal entsteht Erpressung durch Kinder, weil sie unsicher sind und Aufmerksamkeit brauchen. Geben Sie dem Kind die Gelegenheit, sich sicher und wertgeschätzt zu fühlen, ohne dass es sich in den Mittelpunkt stellen muss.

4. Kommunikation:

Erkläre dem Kind, warum bestimmte Wünsche nicht erfüllt werden können, ohne Schuldgefühle zu erzeugen. Lerne, das Kind zu ermutigen, auf andere Weise Lösungen zu finden.

5. Förderung von Empathie:

Fördere die Empathie des Kindes, indem du ihm beibringst, die Auswirkungen seines Verhaltens auf andere zu verstehen. Wenn Kinder erkennen, dass ihre Manipulationen verletzend sein können, wird es einfacher, diese Verhaltensweisen zu stoppen.

Fazit

Erpressung durch Kinder ist eine Form der Manipulation, bei der emotionale Taktiken verwendet werden, um von den Erwachsenen zu bekommen, was sie wollen. Diese Erpressung kann ernsthafte Auswirkungen auf das Familienleben und die Beziehung zwischen Eltern und Kind haben. Es ist wichtig, dass Erwachsene klare Grenzen setzen und dem Kind beibringen, Verantwortung für sein Verhalten zu übernehmen, ohne auf manipulative Taktiken zurückzugreifen.

Erpressung durch Dritte

8.

„Du musst es tun, oder alle werden es erfahren."

Die Erpressung durch Dritte ist eine manipulative Taktik, bei der eine Person eine Situation oder ein Geheimnis nutzt, um jemanden anderen zu zwingen, etwas zu tun. In diesen Fällen wird der Druck nicht direkt von der betroffenen Person ausgeübt, sondern von einer dritten Partei, die in der Regel mit einer Art Drohung oder dem Einsatz von Informationen arbeitet. Dies kann sowohl in persönlichen Beziehungen als auch in beruflichen Umfeldern vorkommen und spielt häufig auf das Bedürfnis an, das eigene Image zu schützen oder Konflikte zu vermeiden.

Erkennen: Wie sieht Erpressung durch Dritte aus?

Manipulation durch Drohungen: Die betroffene Person wird dazu gedrängt, ein bestimmtes Verhalten zu zeigen oder eine Entscheidung zu treffen, weil sonst eine dritte Partei involviert wird.

Erpressung durch Offenlegung von Geheimnissen: Eine Person droht, geheime Informationen preiszugeben, die anderen schaden oder peinlich sein könnten.

Verleumdung: Jemand nutzt die Möglichkeit, Informationen weiterzugeben, um eine andere Person in ein schlechtes Licht zu rücken oder sie zu erpressen.

Indirekter Druck: Die betroffene Person wird auf indirekte Weise beeinflusst, indem sie befürchtet, dass das Verhalten einer dritten Partei negative Konsequenzen haben könnte.

Methoden: Typische Strategien der Erpressung durch Dritte

1. Schadensdrohung durch Offenlegung von Informationen:

„Wenn du das nicht machst, werde ich deinen Kollegen oder Freunden von deinem Geheimnis erzählen."

Ziel: Durch die Drohung mit der Preisgabe vertraulicher oder unangenehmer Informationen wird Druck aufgebaut, um eine Handlung zu erzwingen.

2. Erpressung durch Rufschädigung:

Jemand droht damit, den Ruf einer Person zu schädigen, indem er Informationen oder Gerüchte verbreitet, die dem Ansehen schaden könnten.

3. Verwendung von Beziehungen zur Manipulation:

Eine Person nutzt ihre Verbindungen zu anderen, um Druck auf jemanden auszuüben: „Du solltest tun, was ich sage, sonst werden wir deine Familie in diese Sache verwickeln."

4. Erpressung durch falsche Versprechungen:

Eine dritte Partei kann vorgeben, etwas im Austausch für bestimmte Handlungen zu bieten, nur um dann die Bedingungen zu ändern oder den Deal nach Belieben zu brechen.

5. Drohungen mit sozialen Konsequenzen:

„Wenn du nicht kooperierst, wirst du bei uns in der Gesellschaft oder im Freundeskreis isoliert." Dies zielt darauf ab, die sozialen Beziehungen der betroffenen Person zu destabilisieren.

Schutz: Wie man sich gegen Erpressung durch Dritte wehrt

1. Dokumentiere die Situation:

Wenn du erpresst wirst, halte alle relevanten Informationen und Kommunikation fest. Eine klare Dokumentation hilft dabei, die Wahrheit zu bewahren und kann im Ernstfall eine Schutzmaßnahme darstellen.

2. Setze klare Grenzen:

Lerne, dich nicht auf Manipulationen durch Dritte einzulassen. Setze konsequent klare Grenzen und lasse dich nicht von der Angst vor möglichen Konsequenzen kontrollieren.

3. Vermeide die Eskalation:

Versuche, die Situation zu deeskalieren, indem du ruhig bleibst und nicht in den Druck, den die dritte Partei ausübt, reagierst. Vermeide es, den Drohungen oder Manipulationen nachzugeben.

4. Hole Unterstützung von Dritten:

Wenn eine dritte Partei beginnt, Druck auszuüben, kann es hilfreich sein, Unterstützung von anderen Menschen zu suchen, sei es durch Freunde, Kollegen oder rechtliche Beratung.

5. Rechtliche Schritte:

In einigen Fällen, insbesondere wenn die Erpressung durch Dritte mit der Bedrohung von Geheimnissen oder der Verbreitung von Gerüchten zusammenhängt, kann es notwendig sein, rechtliche Schritte zu unternehmen.

Fazit

Die Erpressung durch Dritte nutzt das Wissen oder die Beziehungen einer Person, um Druck auf eine andere auszuüben. Sie ist besonders gefährlich, da sie oft auf indirekte Weise funktioniert und auf dem Angstfaktor basiert, dass Informationen oder persönliche Angelegenheiten an die falschen Stellen gelangen könnten. Der Schutz vor dieser Art der Erpressung erfordert ein starkes Bewusstsein für die Manipulation und eine klare Strategie, um die Kontrolle über die eigene Situation zurückzugewinnen.

Erpressung durch Isolation und Kontrolle

9.

„Du wirst ohne mich nichts erreichen. Du brauchst mich, sonst bist du verloren."

Erpressung durch Isolation und Kontrolle ist eine manipulative Taktik, bei der das Opfer von seinen sozialen Kontakten, Freunden und Familie abgeschnitten wird. Der Erpresser nutzt Isolation, um das Opfer von der Außenwelt zu trennen und ihm das Gefühl zu geben, dass es nur noch auf den Erpresser angewiesen ist. Diese Form der Erpressung ist besonders gefährlich, weil sie das Selbstbewusstsein des Opfers systematisch zerstört und es in eine emotionale Abhängigkeit führt.

Erkennen: Wie sieht Erpressung durch Isolation und Kontrolle aus?

Einschränkung von sozialen Kontakten: Der Erpresser versucht, das Opfer von seinen Freunden und seiner Familie zu isolieren, indem er negative Kommentare über diese Menschen macht oder das Opfer in ihrer Nähe schlechtredet.

Kontrolle über die Kommunikation: Der Erpresser überwacht und kontrolliert, mit wem das Opfer kommuniziert und wie viel Zeit es mit anderen Menschen verbringt.

Verwendung von Eifersucht oder Misstrauen: Der Erpresser schürt Eifersucht und Misstrauen, um das Opfer davon zu überzeugen, dass es niemandem trauen kann und nur auf den Erpresser angewiesen ist.

Schuldgefühle erzeugen: Der Erpresser macht das Opfer dafür verantwortlich, dass es sich von ihm entfernt hat, und setzt Schuldgefühle ein, um die Isolation weiter zu verstärken.

Methoden: Typische Strategien der Erpressung durch Isolation und Kontrolle

1. Kontrolle über den sozialen Kreis:

„Ich weiß nicht, warum du dich noch mit denen triffst, die kümmern sich doch nicht wirklich um dich."

Der Erpresser versucht, das Opfer von seiner Familie oder seinen Freunden zu entfremden, indem er diese als „schlecht" oder „gefährlich" darstellt.

2. Überwachung der Kommunikation:

„Warum hast du ihm nicht sofort geantwortet? Was habt ihr besprochen?"

Der Erpresser kontrolliert, mit wem das Opfer spricht und welche Gespräche geführt werden, um seine Macht über das Opfer zu verstärken.

3. Eifersucht und Misstrauen schüren:

„Bist du sicher, dass sie wirklich dein Freund ist? Ich glaube nicht, dass sie dir wirklich gut tut."

Der Erpresser setzt Eifersucht als Mittel ein, um das Opfer zu verunsichern und dazu zu bringen, seine sozialen Bindungen in Frage zu stellen.

4. Schuldgefühle erzeugen:

„Du hast dich so verändert, seit du mehr mit denen zu tun hast. Du solltest dich schämen, mich so zu behandeln."

Der Erpresser nutzt Schuld und Scham, um das Opfer dazu zu bringen, die Beziehungen zu anderen zu vernachlässigen und sich immer mehr auf ihn zu konzentrieren.

5. Abschottung von der Außenwelt:

„Du bist nicht sicher, wenn du rausgehst, bleib lieber bei mir."

Der Erpresser sorgt dafür, dass das Opfer sich immer weiter von der Außenwelt entfernt, indem er es mit Ängsten und Sorgen über mögliche Gefahren konfrontiert.

Schutz: Wie man sich gegen Erpressung durch Isolation und Kontrolle wehrt

1. Pflege von sozialen Beziehungen:

Halte aktiv Kontakt zu deinen Freunden und deiner Familie. Diese Beziehungen bieten nicht nur emotionale Unterstützung, sondern sind auch eine Schutzmaßnahme gegen Isolation und Kontrolle.

2. Grenzen setzen:

Lerne, klare Grenzen zu setzen und für deine Unabhängigkeit einzutreten. Wenn jemand versucht, deine sozialen Kontakte zu kontrollieren oder dir ein schlechtes Gewissen zu machen, stelle dich dagegen und bleibe standhaft.

3. Selbstbewusstsein stärken:

Arbeite an deinem Selbstwertgefühl und deiner Fähigkeit, Menschen zu vertrauen. Vertraue auf deine eigenen Entscheidungen und sei dir bewusst, dass du in der Lage bist, gesunde Beziehungen zu führen, ohne dass jemand dich kontrolliert.

4. Externe Hilfe suchen:

Wenn die Kontrolle und Isolation zu stark werden, suche Hilfe bei einem Therapeuten oder Berater, der dir helfen kann, die Dynamik zu erkennen und dich daraus zu befreien.

5. Technische Sicherheit gewährleisten:

Achte auf deine Privatsphäre und deine Kommunikation. Vermeide es, persönliche Informationen unachtsam zu teilen, besonders wenn du den Verdacht hast, dass jemand deine Kommunikation überwacht.

Fazit

Erpressung durch Isolation und Kontrolle ist eine der subtileren und dennoch gefährlichsten Formen der Manipulation. Sie zielt darauf ab, das Opfer von seiner Unterstützung abzuschneiden und es emotional von der Außenwelt zu isolieren. Das Vertrauen in andere Menschen zu bewahren und sich von solchen toxischen Beziehungen zu befreien, erfordert Mut und Entschlossenheit. Aber nur so kann die Kontrolle des Erpressers durchbrochen und die persönliche Freiheit wiedererlangt werden.

Manipulation durch Angst und Panikmache

10.

„Du musst jetzt sofort handeln, sonst passiert etwas Schreckliches!"

Manipulation durch Angst und Panikmache ist eine der ältesten und effektivsten Taktiken, die dazu dient, Menschen zu kontrollieren, indem ihre Ängste ausgenutzt werden. Dabei wird das Opfer so stark verängstigt, dass es nicht mehr in der Lage ist, rationale Entscheidungen zu treffen und stattdessen auf die Forderungen des Manipulators reagiert. Angst wird hier bewusst geschürt, um das Opfer zu einem bestimmten Verhalten zu zwingen.

Erkennen: Wie sieht Manipulation durch Angst und Panikmache aus?

Übertriebene Darstellungen von Gefahren: Der Manipulator stellt eine vermeintlich extreme Gefahr oder Katastrophe in Aussicht, die das Opfer „unbedingt verhindern" muss.

Zeitdruck erzeugen: Der Manipulator setzt das Opfer unter Druck, schnell eine Entscheidung zu treffen, oft mit der Drohung, dass es „sonst zu spät ist".

Unrealistische Szenarien malen: Es werden Szenarien und Konsequenzen dargestellt, die im Vergleich zur tatsächlichen Gefahr übertrieben oder unwahrscheinlich sind.

Emotionale Erpressung: Der Manipulator nutzt die Ängste des Opfers, um eine emotionale Erpressung aufzubauen, indem er auf die Schwächen und Unsicherheiten des Opfers abzielt.

Methoden: Typische Strategien der Manipulation durch Angst und Panikmache

1. Drohung mit einer Katastrophe:

„Wenn du das nicht sofort machst, wirst du alles verlieren."

Der Manipulator droht mit schwerwiegenden Folgen, die die Opfer so verängstigen, dass sie handeln, ohne nachzudenken.

2. Schüren von Ängsten durch Übertreibung:

„Wusstest du, dass das, was du tust, dir und deiner Familie massiv schaden könnte? Es ist nur noch wenig Zeit!"

Die Gefahr wird oft drastisch übertrieben, sodass das Opfer in Panik gerät und handelt, um „sich zu retten".

3. Falsche Dringlichkeit schaffen:

„Es ist jetzt oder nie, du musst dich sofort entscheiden, sonst verpassen wir deine Chance."

Der Manipulator setzt auf Zeitdruck, um das Opfer in eine schnelle, unüberlegte Entscheidung zu drängen.

4. Verwendung von Panikmachern, um Vertrauen zu erschüttern:

„Wenn du nicht handelst, könnten alle anderen dich für immer meiden."

Der Manipulator nutzt die Ängste des Opfers, um dessen soziale oder berufliche Existenz in Frage zu stellen.

5. Manipulation der Wahrnehmung:

„Ich sage dir, dass du in ernsthaften Schwierigkeiten bist, du musst mir jetzt sofort glauben!"

Der Manipulator nutzt die Unsicherheit des Opfers aus, um dessen Wahrnehmung der Realität zu verzerren und es in eine Panikmache zu treiben.

Schutz: Wie man sich gegen Manipulation durch Angst und Panikmache wehrt

1. Rationalität bewahren:

Versuche, deine Emotionen in solchen Momenten zu kontrollieren und nicht impulsiv zu handeln. Überlege, ob die Gefahr realistisch ist oder ob sie übertrieben dargestellt wird.

2. Kritische Distanz einnehmen:

Höre auf dein Bauchgefühl und hinterfrage die Aussagen des Manipulators. Sei skeptisch gegenüber dramatischen Darstellungen und frage dich, ob diese wirklich auf Fakten beruhen.

3. Beratung einholen:

Wende dich an Freunde, Familie oder einen Experten, um eine objektive Meinung zu der Situation zu bekommen. Manchmal hilft es, eine zweite Meinung zu hören, um die Angst zu relativieren.

4. Entscheidungen ohne Druck treffen:

Wenn du unter Druck gesetzt wirst, lass dir Zeit, bevor du Entscheidungen triffst. Ein Manipulator wird dich oft drängen, sofort zu handeln. Lass dir aber den Raum, die Situation zu überdenken.

5. Selbstvertrauen stärken:

Arbeite daran, ein starkes Selbstbewusstsein und Vertrauen in deine eigenen Entscheidungen zu entwickeln. Je weniger du von den Ängsten und Einschüchterungen des Manipulators beeinflusst wirst, desto schwieriger wird es für ihn, dich zu manipulieren.

Fazit

Manipulation durch Angst und Panikmache ist eine mächtige Taktik, die darauf abzielt, das Opfer zu kontrollieren, indem es in einen Zustand der Angst versetzt wird. Diese Art der Manipulation kann in vielerlei Hinsicht schädlich sein und dazu führen, dass das Opfer irrational handelt. Ein klarer Kopf und das Vertrauen in die eigenen Fähigkeiten sind die besten Schutzmaßnahmen, um sich gegen diese Form der Manipulation zu wehren.

Manipulation durch Schuld und Scham

11.

„Du hast es wieder einmal vermasselt! Warum kannst du nicht wie alle anderen sein?"

Manipulation durch Schuld und Scham nutzt das natürliche Bedürfnis der Menschen, sich mit anderen zu messen und Anerkennung zu bekommen, aus. Hierbei wird das Opfer in die Falle gelockt, sich schuldig oder minderwertig zu fühlen, um so den Manipulator zufriedenzustellen. Die Taktik besteht darin, das Opfer dazu zu bringen, sich selbst zu hinterfragen, seine eigenen Handlungen als falsch zu sehen und sich gezwungen zu fühlen, sich zu entschuldigen oder zu ändern.

Erkennen: Wie sieht Manipulation durch Schuld und Scham aus?

Kritik an persönlichem Verhalten: Der Manipulator zieht das Verhalten des Opfers in Frage und lässt es glauben, dass es nicht gut genug ist, wodurch ein Gefühl der Schuld und Scham entsteht.

Vergleiche mit anderen: Häufig werden Vergleiche zu anderen Menschen gezogen, um das Opfer als „schlechter" oder „unwürdiger" erscheinen zu lassen.

Übermäßige Vorwürfe: Der Manipulator macht dem Opfer ständig Vorwürfe, die auf einer Übertreibung oder Verzerrung der tatsächlichen Situation beruhen.

Erpressung durch moralische Standards: Der Manipulator nutzt hohe moralische Standards oder gesellschaftliche Normen, um das Opfer dazu zu bringen, sich als „unmoralisch" oder „schlecht" zu fühlen.

Methoden: Typische Strategien der Manipulation durch Schuld und Scham

1. Dauerhafte Kritik und Vorwürfe:

„Du hast es schon wieder nicht geschafft, das ist echt peinlich."

Der Manipulator kritisiert kontinuierlich, ohne Raum für positive Rückmeldungen oder Anerkennung zu lassen, sodass das Opfer mit der Zeit beginnt, sich immer schlechter zu fühlen.

2. Vergleiche mit anderen Menschen:

„Warum kannst du nicht wie [Person X] sein? Sie hat es wenigstens richtig gemacht!"

Durch den Vergleich wird das Opfer herabgesetzt und in seiner Selbstwahrnehmung stark verunsichert.

3. Übermäßige Erwartungshaltung:

„Du hättest das doch wissen müssen. Du bist einfach nicht gut genug."

Der Manipulator setzt unrealistische Erwartungen, um das Opfer ständig in Schuldgefühle zu stürzen und ihm das Gefühl zu geben, nie genug zu tun.

4. Verwendung von moralischer Überlegenheit:

„Würden Menschen mit gutem Charakter das tun?"

Moralische Vorwürfe werden genutzt, um das Opfer so zu manipulieren, dass es sich schuldig fühlt, nicht den hohen Standards des Manipulators zu entsprechen.

5. Manipulation durch "Selbstopferung":

„Ich tue so viel für dich, und du schaffst es nicht einmal, mir das zu geben!"

Der Manipulator stellt sich als Opfer dar, um dem anderen Schuldgefühle einzuflößen und es dazu zu bringen, sich unterzuordnen.

Schutz: Wie man sich gegen Manipulation durch Schuld und Scham wehrt

1. Selbstreflexion und Klarheit:

Hinterfrage die Vorwürfe, die gegen dich erhoben werden. Sind sie gerechtfertigt? Oder wird dir einfach ein falsches Gefühl der Schuld eingeredet?

2. Grenzen setzen:

Erkenne, wann du in eine Manipulation verwickelt wirst, und setze klare Grenzen. Lasse nicht zu, dass jemand ständig an dir herumnörgelt und dir Schuldgefühle einredet.

3. Stärkung des Selbstwerts:

Arbeite daran, dein Selbstwertgefühl zu stärken, sodass du dich nicht mehr von der Meinung anderer abhängig machst. Du bist nicht dazu da, den Erwartungen anderer gerecht zu werden.

4. Rückzug und Abstand:

Wenn du merkst, dass du immer wieder manipuliert wirst, nimm Abstand von der Person und überlege, wie du dich schützen kannst. In vielen Fällen ist es hilfreich, den Kontakt zu verringern oder zu unterbrechen, um aus der manipulierten Dynamik herauszukommen.

5. Selbstmitgefühl üben:

Lerne, dir selbst gegenüber mitfühlend zu sein und dir Fehler zu verzeihen. Niemand ist perfekt, und du hast das Recht, Fehler zu machen, ohne dich ständig schuldig oder schlecht zu fühlen.

Fazit

Manipulation durch Schuld und Scham ist eine subtile, aber mächtige Taktik, die das Opfer in eine ständige Defensive versetzt und es dazu bringt, seine eigenen Handlungen zu hinterfragen. Diese Manipulation zielt darauf ab, das Opfer zu schwächen und seine Unsicherheiten auszunutzen. Indem du deine eigenen Werte und Grenzen klar definierst und an deinem Selbstwert arbeitest, kannst du dich gegen diese Form der Manipulation wehren und ein stärkeres, selbstbewussteres Leben führen.

Manipulation durch finanzielle Abhängigkeit

12.

„Du kannst nichts ohne mich tun."

Manipulation durch finanzielle Abhängigkeit ist eine mächtige und gefährliche Technik, bei der der Manipulator das Opfer in eine Situation bringt, in der es auf seine Unterstützung angewiesen ist. Der Manipulator kontrolliert das Opfer nicht nur emotional, sondern auch materiell, was die Handlungsfreiheit und die Selbstbestimmung des Opfers stark einschränkt. Die finanziellen Fäden werden oft so geschickt gezogen, dass das Opfer sich in einer scheinbar ausweglosen Lage wiederfindet.

Erkennen: Wie sieht Manipulation durch finanzielle Abhängigkeit aus?

Geld als Druckmittel: Der Manipulator gibt dem Opfer finanzielle Unterstützung, verlangt aber dafür bestimmte Verhaltensweisen oder Entscheidungen.

Abhängigkeit von der finanziellen Unterstützung: Das Opfer fühlt sich ohne die finanzielle Hilfe des Manipulators hilflos und abhängig.

Zwang zur Übernahme von Verantwortung: Der Manipulator stellt dem Opfer das Gefühl, dass es „etwas schuldet", und fordert im Gegenzug Gehorsam oder Leistungen.

Manipulation durch den Lebensstandard: Der Manipulator sorgt dafür, dass das Opfer an einen bestimmten Lebensstandard gewöhnt wird und es Angst hat, diesen ohne die Unterstützung zu verlieren.

Methoden: Typische Strategien der finanziellen Manipulation

1. „Ich helfe dir, aber du musst mir etwas im Gegenzug geben."

Der Manipulator bietet dem Opfer finanzielle Hilfe an, macht diese jedoch von Bedingungen abhängig, die das Opfer erfüllen muss.

Beispiel: Der Partner zahlt die Miete, verlangt aber, dass das Opfer bestimmte Dinge tut oder Entscheidungen trifft, die ihm selbst zugutekommen.

2. Finanzielle Unterstützung als „Waffe":

Der Manipulator stellt seine finanzielle Unterstützung als eine Art „Waffe" dar, indem er droht, diese Hilfe zu entziehen, wenn das Opfer nicht nach seinen Vorstellungen handelt.

Beispiel: „Wenn du nicht tust, was ich will, dann nehme ich dir das Geld weg."

3. Verantwortung abwälzen:

Der Manipulator zwingt das Opfer, für den Lebensunterhalt oder für die Kosten des Haushalts zu sorgen, und macht es so verantwortlich für das finanzielle Wohlergehen. Oft wird dem Opfer dann das Gefühl vermittelt, dass es ohne den Manipulator nicht zurechtkommt.

4. Verlockung durch einen höheren Lebensstandard:

Der Manipulator führt das Opfer in einen luxuriösen Lebensstil, den es sich ohne dessen Hilfe nicht leisten kann, und hält es so in einer finanziellen Abhängigkeit.

Beispiel: Der Partner sorgt dafür, dass das Opfer an ein teures Leben gewöhnt wird, ohne selbst ausreichend Einkommen zu haben.

5. Manipulation von Schulgefühlen:

Das Opfer wird in die Schuldenfalle gelockt und dann mit der Schuld erpresst. Der Manipulator erklärt dem Opfer, dass es die finanzielle Hilfe „zurückzahlen" müsse, indem es bestimmte Erwartungen erfüllt.

Schutz: Wie man sich gegen Manipulation durch finanzielle Abhängigkeit wehrt

1. Selbstständigkeit fördern:

Ein wichtiger Schritt im Umgang mit finanzieller Manipulation ist es, finanzielle Unabhängigkeit anzustreben. Baue dir eine eigene Einkommensquelle und vermeide es, dich zu stark auf eine einzige Person oder Quelle zu verlassen.

2. Klarheit über deine eigenen Grenzen:

Mach dir bewusst, dass niemand das Recht hat, dich für finanzielle Unterstützung zu manipulieren. Setze klare Grenzen, wenn jemand versucht, dich durch Geld oder Hilfe zu kontrollieren.

3. Vermeide Schuldgefühle:

Ein wichtiger Aspekt der finanziellen Manipulation ist die Erzeugung von Schuldgefühlen. Erkenne, dass du nichts „schuldet", nur weil dir jemand finanziell geholfen hat.

4. Vermeide finanzielle Abhängigkeit in Beziehungen:

Wenn du in einer Beziehung bist, achte darauf, dass du nicht in eine Position der finanziellen Abhängigkeit gerätst. Beide Partner sollten zu gleichen Teilen in der Lage sein, Verantwortung zu übernehmen und ihren Lebensunterhalt zu sichern.

5. Externe Hilfe suchen:

Wenn du merkst, dass du dich in einer finanziellen Abhängigkeit befindest, sprich mit einem Berater oder einem vertrauenswürdigen Freund oder Familienmitglied. Es kann oft helfen, die Situation von außen zu betrachten und Unterstützung zu erhalten.

Fazit

Finanzielle Manipulation ist eine der subtileren, aber auch sehr effektiven Formen der Kontrolle. Sie entzieht dem Opfer die Kontrolle über seine eigenen Lebensentscheidungen und zwingt es in eine Abhängigkeit. Indem du frühzeitig die Anzeichen erkennst und Maßnahmen ergreifst, um deine eigene Unabhängigkeit zu sichern, kannst du dich vor dieser Art von Manipulation schützen und ein selbstbestimmtes Leben führen.

Manipulation durch Überforderung und Erschöpfung

13.

„Du bist zu müde, um klar zu denken."

Manipulation durch Überforderung ist eine subtile, aber sehr wirkungsvolle Methode, um das Opfer zu kontrollieren. Sie setzt darauf, das Opfer so zu überlasten, dass es geistig und emotional erschöpft ist und keine klare Entscheidung mehr treffen kann. In diesem Zustand ist das Opfer anfälliger für Manipulationen und lässt sich leichter in die gewünschte Richtung lenken.

Erkennen: Wie äußert sich Überforderung als Manipulation?

Ständige Anforderungen und Aufgaben: Der Manipulator fordert das Opfer ständig zu mehr auf, sei es durch zusätzliche Arbeit, Verpflichtungen oder emotionale Erpressung. Die Last, die dem Opfer auferlegt wird, wächst so stark an, dass es keine Zeit mehr für sich selbst hat.

Keine Pausen und keine Erholung: Der Manipulator stellt sicher, dass das Opfer niemals wirklich zur Ruhe kommt. Entspannungsphasen werden unterbrochen, und das Opfer fühlt sich dauerhaft angespannt und überfordert.

Schuldgefühle bei jeder Pause: Wenn das Opfer versucht, sich eine Auszeit zu nehmen, wird ihm ein schlechtes Gewissen gemacht, als wäre es egoistisch oder faul.

Sich ständig im Kreis drehende Probleme: Der Manipulator stellt ständig neue Probleme auf, die das Opfer lösen muss. Es fühlt sich, als würde das Opfer nie eine Pause bekommen und immer weiter kämpfen müssen.

Zunehmende Entscheidungsunfähigkeit: Wegen der ständigen Überlastung und der Unfähigkeit, klare Gedanken zu fassen, fällt es dem Opfer immer schwerer, Entscheidungen zu treffen.

Methoden: Wie Manipulatoren Überforderung ausnutzen

1. Überlastung mit Aufgaben und Pflichten:

Der Manipulator gibt dem Opfer immer neue Aufgaben oder verlangt immer mehr, sodass das Opfer nie wirklich Zeit hat, sich zu erholen oder die Situation zu überdenken.

Beispiel: Ein Partner kann dem anderen ständig zusätzliche Haushaltsaufgaben übertragen, obwohl dieser bereits völlig erschöpft ist.

2. Zunehmende Erwartungen:

Der Manipulator setzt ständig neue Maßstäbe und Erwartungen, die das Opfer erfüllen muss, um Anerkennung oder Liebe zu erhalten. Jede Leistung wird als selbstverständlich betrachtet, und es gibt keine Möglichkeit, sich zu entspannen oder nach Anerkennung zu suchen.

Beispiel: Ein Chef fordert immer mehr Überstunden, ohne jemals anzuerkennen, wie viel Arbeit bereits erledigt wurde.

3. Verwirrung durch widersprüchliche Anforderungen:

Manipulatoren machen es dem Opfer schwer, klar zu denken, indem sie ständig widersprüchliche Anforderungen stellen oder in Situationen einreden, dass nichts, was das Opfer tut, jemals genug ist.

Beispiel: Ein manipulativer Partner fordert sowohl ständige Aufmerksamkeit als auch völlige Unabhängigkeit, was das Opfer in einen Zustand ständiger Verwirrung versetzt.

4. Überforderung durch emotionale Erpressung:

Manipulatoren nutzen die emotionalen Bedürfnisse des Opfers aus, um es in einen Zustand der Überlastung zu versetzen. Dies geschieht, indem ständig neue, emotional belastende Themen aufgebracht werden, die das Opfer dann bewältigen muss.

Beispiel: Ein manipulativer Freund sagt ständig: „Du bist die einzige Person, die mir helfen kann. Ohne dich komme ich nicht klar."

5. Fehlende Rücksicht auf Bedürfnisse des Opfers:

Der Manipulator ignoriert die Bedürfnisse des Opfers völlig und erwartet, dass dieses weiterhin funktioniert, obwohl es erschöpft ist. Dies kann sowohl auf emotionaler als auch auf körperlicher Ebene geschehen.

Beispiel: Ein Elternteil erwartet von seinem Kind, dass es sowohl in der Schule als auch zu Hause hervorragende Leistungen erbringt, ohne Rücksicht auf dessen eigenen Stress.

Schutz: Wie man sich vor Überforderung schützt

1. Setze klare Grenzen:

Lerne, deine eigenen Grenzen zu erkennen und klar zu kommunizieren. Du hast das Recht, Nein zu sagen und deine eigenen Bedürfnisse zu priorisieren. Wenn du dich überfordert fühlst, ist es wichtig, dies anzusprechen und für deine eigenen Grenzen einzutreten.

2. Vermeide die Übernahme von Verantwortungen, die du nicht tragen kannst:

Übernimm nicht mehr Verantwortung, als du bewältigen kannst. Es ist wichtig zu wissen, wann du die Unterstützung anderer benötigst oder Aufgaben delegieren musst.

3. Nimm dir regelmäßig Pausen:

Plane Pausen ein, um dich zu erholen und wieder zu Kräften zu kommen. Auch wenn du das Gefühl hast, ständig etwas tun zu müssen, ist es entscheidend, dir Zeit für dich selbst zu nehmen.

4. Selbstfürsorge praktizieren:

Achte auf deine körperliche und geistige Gesundheit. Regelmäßige Bewegung, gesunde Ernährung und ausreichend Schlaf sind entscheidend, um Erschöpfung zu vermeiden.

5. Suche Hilfe bei Vertrauenspersonen:

Wenn du das Gefühl hast, dass du zu sehr belastet wirst, suche Unterstützung bei Freunden, Familie oder Fachleuten. Es ist wichtig, sich nicht alleine durch die Überforderung zu kämpfen.

6. Setze Prioritäten:

Lerne, was wirklich wichtig ist, und lege Prioritäten fest. Manchmal musst du dich für das entscheiden, was für dein Wohlbefinden und deine Gesundheit am wichtigsten ist, anstatt ständig den Anforderungen anderer gerecht zu werden.

Fazit

Manipulation durch Überforderung und Erschöpfung ist eine ausgeklügelte Taktik, die darauf abzielt, das Opfer zu kontrollieren, indem es so ausgelaugt wird, dass es nicht mehr klar denken kann. Es ist wichtig, diese Taktik zu erkennen und Maßnahmen zu ergreifen, um sich vor derartigen Manipulationen zu schützen. Indem du deine eigenen Grenzen respektierst und dich regelmäßig erholst, kannst du verhindern, dass diese Methode der Kontrolle dich zerstört.

Der Helferkomplex und seine manipulative Kraft

14.

„Du bist der Einzige, der mir helfen kann. Ohne dich schaffe ich es nicht."

Der Helferkomplex ist ein weiteres psychologisches Instrument, das manipulativ eingesetzt wird. Hierbei wird das Opfer dazu gebracht, sich für die Probleme anderer verantwortlich zu fühlen. Der Manipulator nutzt das Bedürfnis des Opfers, anderen zu helfen, aus, um die Kontrolle zu übernehmen und die Verantwortung für das Wohl des anderen zu übernehmen. Der Helferkomplex kann sich auf viele Arten manifestieren – als Retter, als derjenige, der immer zur Stelle sein muss, oder als derjenige, der immer für andere da ist.

Erkennen: Wie äußert sich der Helferkomplex als Manipulation?

Erwecken eines unaufhörlichen Bedarfs an Hilfe: Der Manipulator stellt sich als hilfsbedürftig dar, um das Opfer dazu zu bringen, sich ständig um ihn zu kümmern, zu retten oder seine Bedürfnisse zu erfüllen.

Schuldgefühle für das Nicht-Einbringen: Wenn das Opfer nicht genug tut oder ablehnt zu helfen, wird es mit Schuldgefühlen konfrontiert, als ob es unzureichend oder egoistisch ist.

Übermäßige Abhängigkeit: Der Manipulator schafft eine Situation, in der das Opfer das Gefühl hat, es sei für das Wohlergehen des Manipulators verantwortlich.

Manipulation durch Übertreibung von Problemen: Der Manipulator übertreibt oder dramatisiert ständig seine Probleme, um das Opfer in die Rolle des Retters zu drängen.

Verschleierung der eigenen Bedürfnisse: Der Helferkomplex kann auch in der Form auftreten, dass der Manipulator vorgibt, keine eigenen Bedürfnisse zu haben, und so das Opfer in die Rolle des Aufopfernden zwingt.

Methoden: Wie Manipulatoren den Helferkomplex ausnutzen

1. Erwecken von Abhängigkeit:

Der Manipulator schürt die Abhängigkeit des Opfers, indem er ständig seine eigenen Schwächen betont und das Opfer in die Rolle des Retters zwingt. Dies kann durch übermäßige Hilflosigkeit oder ständige Notlagen erfolgen.

Beispiel: Ein manipulativer Freund sagt immer wieder: „Ohne dich würde ich es niemals schaffen. Ich brauche dich so sehr."

2. Schuldgefühle erzeugen:

Der Manipulator setzt Schuldgefühle ein, um das Opfer dazu zu bringen, zu helfen. Wenn das Opfer einmal ablehnt oder die Hilfe verweigert, wird es sofort mit Vorwürfen konfrontiert.

Beispiel: Ein Partner könnte sagen: „Wenn du mich wirklich lieben würdest, würdest du mir jetzt helfen. Du bist der einzige, der mir noch bleibt."

3. Dramatisierung von Problemen:

Manipulatoren übertreiben ihre Probleme absichtlich oder schaffen aus kleinen Schwierigkeiten riesige Krisen, um das Opfer zu verunsichern und dazu zu bewegen, mehr Hilfe zu leisten.

Beispiel: Eine Person behauptet, sie sei in einer emotionalen Krise, die nur das Opfer lösen kann, obwohl das Problem oft trivial oder selbstverursacht ist.

4. Verschleierung von eigenen Bedürfnissen:

Der Manipulator gibt vor, keine eigenen Bedürfnisse zu haben, um das Opfer dazu zu bewegen, sich um ihn zu kümmern. Dies kann zu einer ungerechten Aufopferung des Opfers führen.

Beispiel: Ein Elternteil könnte dem Kind ständig sagen: „Du musst dir keine Sorgen um mich machen, ich bin es gewohnt, alles alleine zu machen", während es heimlich auf Hilfe hofft.

5. Schaffung einer Notlage:

Manipulatoren können auch absichtlich Situationen kreieren, die eine sofortige Reaktion erfordern, um das Opfer aus der Reserve zu locken und dazu zu bringen, sofort zu helfen.

Beispiel: Ein Partner ruft verzweifelt an und sagt: „Mir geht es wirklich schlecht, ich weiß nicht, wie ich ohne dich zurechtkomme", obwohl es keine wirkliche Notlage gibt.

Schutz: Wie man sich vor dem Helferkomplex schützt

1. Setze klare Grenzen:

Es ist wichtig, gesunde Grenzen zu setzen. Du hast das Recht, „Nein" zu sagen, ohne dass es als Mangel an Fürsorge interpretiert wird. Wenn du das Gefühl hast, dass du ausgenutzt wirst, musst du dich bewusst zurücknehmen.

2. Erkenne, dass du nicht die Verantwortung für das Leben anderer trägst:

Du kannst nicht die Probleme aller anderen lösen, und du bist nicht dafür verantwortlich, das Leben anderer zu retten. Es ist wichtig zu akzeptieren, dass jeder für sein eigenes Leben und seine eigenen Entscheidungen verantwortlich ist.

3. Finde Balance zwischen Fürsorge und Selbstfürsorge:

Es ist wichtig, auch auf dich selbst zu achten. Du kannst anderen helfen, ohne dich selbst aufzugeben. Achte darauf, dass du nicht deine eigenen Bedürfnisse und Wünsche für die anderer opferst.

4. Erkenne Manipulationen und sei bereit, die Hilfe zu verweigern:

Sei dir bewusst, wenn du manipuliert wirst. Wenn jemand versucht, dir das Gefühl zu geben, dass du helfen musst, obwohl es ungesund oder übertrieben ist, sei bereit, abzulehnen.

5. Stelle sicher, dass du von gesunden Beziehungen umgeben bist:

Pflege Beziehungen, in denen Geben und Nehmen im Gleichgewicht sind. Wenn du immer der Helfer bist und der andere nie bereit ist, dir etwas zurückzugeben, ist dies ein Zeichen für ein ungesundes Machtungleichgewicht.

6. Vermeide Schuldgefühle:

Lass dir keine Schuldgefühle einreden, wenn du dich entscheidest, nicht zu helfen. Es ist nicht deine Aufgabe, die Welt zu retten, und du hast das Recht, für dein eigenes Wohl zu sorgen.

Fazit

Der Helferkomplex ist eine mächtige manipulative Taktik, die das Bedürfnis nach Fürsorge und Verantwortung des Opfers ausnutzt. Manipulatoren setzen dieses Instrument ein, um das Opfer in eine Abhängigkeitsbeziehung zu zwingen und es emotional zu erpressen. Es ist wichtig, diese Dynamik zu erkennen und zu lernen, gesunde Grenzen zu setzen, um sich selbst zu schützen. Wahre Hilfe kommt aus einem Ort des gegenseitigen Respekts und der freiwilligen Unterstützung – nicht aus einem manipulativen Bedürfnis nach Kontrolle.

Der Helferkomplex – Wenn gute Taten zu einer Falle werden

15.

„Ich helfe dir, weil ich es für dich tue – aber du schuldest mir jetzt etwas."

Der Helfer-Komplex, auch als „retterisches Verhalten" bekannt, kann eine subtile, aber sehr gefährliche Form der Manipulation sein. Oft glauben Menschen, die dazu neigen, zu helfen, dass sie die einzige Möglichkeit sind, jemandem zu helfen – was sie jedoch nicht erkennen, ist, dass ihre Hilfe in vielen Fällen nicht nur unangemessen ist, sondern auch als Druckmittel benutzt wird.

Erkennen: Wie äußert sich der Helfer-Komplex als Manipulation?

Übermäßiges Einmischen: Der Helfer übernimmt Aufgaben oder Verantwortung für Dinge, die der andere selbst erledigen könnte, und überschreitet dabei die Grenzen des Opfers.

Gefühl der Schuld: Wenn das Opfer nicht in der Lage ist, die Hilfe anzunehmen oder sich nicht bedanken möchte, wird ihm das Gefühl der Schuld vermittelt.

Sich unentbehrlich machen: Der Helfer stellt sich als unverzichtbar dar, um das Opfer emotional zu manipulieren und zu kontrollieren.

Erwartungen und Forderungen: Helfen wird oft mit Erwartungen verknüpft. Das Opfer wird gezwungen, sich „zu revanchieren", was den Helfer in eine Position der Macht versetzt.

Verbergen von Motiven: Der Helfer gibt vor, uneigennützig zu handeln, obwohl er unbewusst (oder bewusst) die Kontrolle übernehmen möchte.

Methoden: Wie Manipulatoren den Helfer-Komplex ausnutzen

1. Mangelnde Anerkennung der Unabhängigkeit des Opfers:

Der Manipulator möchte dem Opfer das Gefühl vermitteln, dass es ohne seine Hilfe nicht zurechtkommt. So wird die Selbstständigkeit des Opfers untergraben.

Beispiel: „Ich weiß, dass du das alleine nicht hinbekommst, deshalb werde ich dir helfen. Du solltest mir wirklich dankbar sein."

2. Erpressung durch „gute Taten":

Die Hilfe wird nicht uneigennützig erbracht, sondern mit der stillen Erwartung, dass das Opfer eines Tages etwas zurückgibt – und sei es nur in Form von Zuneigung oder Anerkennung.

Beispiel: „Du wirst mir später noch danken, wenn du siehst, wie sehr ich dir geholfen habe. Und du weißt ja, du kannst mich immer um etwas bitten."

3. Dauerhafte Abhängigkeit schaffen:

Der Helfer-Komplex führt oft zu einer Art emotionaler Abhängigkeit. Das Opfer fühlt sich gezwungen, den „Helfer" immer wieder um Rat oder Unterstützung zu bitten, wodurch der Manipulator immer mehr Kontrolle über das Leben des Opfers erlangt.

Beispiel: „Du hast dir wirklich keinen Gefallen getan, indem du das alleine gemacht hast. Ich hätte dir geholfen, wenn du mich nur gefragt hättest."

4. Selbstwertsteigerung durch die Hilfe:

Der Helfer nutzt die Unterstützung, um sich selbst als „guten Menschen" oder „Rettung" darzustellen, was seine eigene Bedeutung und seinen Wert steigert.

Beispiel: „Ich habe dir doch geholfen, als du nichts hattest. Ich bin die einzige Person, die sich um dich kümmert."

Schutz: Wie man sich vor dem Helfer-Komplex schützt

1. Selbstbewusstsein und Grenzen:

Es ist entscheidend, die eigenen Bedürfnisse und Grenzen zu erkennen. Du darfst Dir ruhig helfen lassen, aber du hast das Recht zu entscheiden, wann und wie du Hilfe benötigst, ohne dich erpressen oder manipulieren zu lassen.

Beispiel: „Es tut mir leid, aber ich kann deine Hilfe nicht annehmen.Ich musst es selbst tun, damit ich unabhängig bleibe."

2. Kommunikation der eigenen Bedürfnisse:

Wenn du Hilfe ablehnst, ist es wichtig, klar und respektvoll zu kommunizieren, warum du diese ablehnst. Setze dich für deine Unabhängigkeit und Selbstständigkeit ein.

Beispiel: „Danke für dein Angebot, aber ich möchte es selbst probieren, um zu sehen, ob ich es alleine schaffe."

3. Hilfe nicht als Waffe benutzen:

Es ist wichtig zu erkennen, dass wahre Hilfe immer ohne Erwartungen und Forderungen kommt. Du darfst dich nicht unter Druck gesetzt fühlen, eine Gegenleistung zu erbringen.

Beispiel: „Ich lasse mir gerne helfen, aber es gibt keine Verpflichtung für dich,mir zu helfen."

4. Hilfe von der Manipulation unterscheiden:

Achte darauf, ob die Hilfe wirklich im besten Interesse des anderen ist oder ob sie dazu dient, dich emotional zu kontrollieren. Wenn du das Gefühl hast, dass du für Hilfe „bezahlen" musst, ist das ein Warnzeichen.

Fazit

Der Helfer-Komplex kann als eine subtile, aber sehr wirksame Form der Manipulation auftreten. Menschen, die dazu neigen, ständig zu helfen, überschreiten oft die Grenzen der anderen und machen sie abhängig. Um sich vor dieser Art der Manipulation zu schützen, ist es wichtig, die eigenen Bedürfnisse und Grenzen zu erkennen und zu kommunizieren. Hilfe sollte immer freiwillig und ohne Erwartungen auf eine Gegenleistung erfolgen.

Schmeichelei und joviales Getue – Wenn Lob zur Waffe wird

16.

„Du bist wirklich einzigartig, niemand könnte das so gut wie du!"

Schmeichelei und joviales Getue sind zwei Formen der Manipulation, die oft übersehen werden. Sie erscheinen als nette, freundliche Gesten, doch sie verfolgen in Wirklichkeit das Ziel, das Opfer zu beeinflussen, in eine bestimmte Richtung zu lenken oder es emotional zu kontrollieren. Diese Taktiken können besonders gefährlich sein, da sie das Vertrauen und die Selbstwahrnehmung des Opfers auf subtile Weise beeinflussen.

Erkennen: Wie äußern sich Schmeichelei und joviales Getue als Manipulation?

Unaufhörliches Loben: Ständig wird das Opfer übermäßig gelobt, auch in Bereichen, in denen das Lob unangebracht oder übertrieben erscheint.

Übertriebenes Interesse: Der Manipulator zeigt scheinbar großes Interesse an der Meinung oder den Wünschen des Opfers, um das Vertrauen zu gewinnen.

Oberflächliche Freundschaft: Der Manipulator gibt sich als jemand aus, der besonders nett und hilfsbereit ist, aber nur, um etwas im Gegenzug zu erhalten.

Vereinnahmung durch vermeintliche Nähe: Das joviale Getue schafft eine scheinbare Nähe und lockert die emotionalen Abwehrmechanismen des Opfers, um es leichter kontrollierbar zu machen.

Methoden: Wie Manipulatoren Schmeichelei und joviales Getue ausnutzen

1. Exzessives Komplimentieren:

Der Manipulator macht ständig Komplimente, um das Opfer zu verwirren und sein Selbstbild zu beeinflussen. Ziel ist es, das Opfer das Gefühl zu geben, „besonders" zu sein, und dadurch seine Aufmerksamkeit und Zustimmung zu gewinnen.

Beispiel: „Du bist der einzige Mensch, der so viel Verständnis für meine Situation hat. Du bist einfach außergewöhnlich."

2. Versteckte Forderungen hinter Schmeicheleien:

Oftmals wird Schmeichelei genutzt, um eine Gegenleistung zu erhalten. Der Manipulator versucht, durch ein falsches Bild von Zuneigung oder Anerkennung Druck auszuüben.

Beispiel: „Du bist solch eine großartige Person. Es wäre wirklich schade, wenn du nicht bereit wärst, mir zu helfen, du kannst doch alles erreichen!"

3. Sich in den Mittelpunkt stellen durch scheinbare Bescheidenheit:

Der Manipulator gibt vor, bescheiden zu sein und stellt sich selbst in den Hintergrund, um das Opfer dazu zu bringen, sich in einer vermeintlich gleichwertigen Beziehung zu ihm zu engagieren. So wird das Opfer in die Verantwortung gedrängt.

Beispiel: „Ich weiß, du hast so viel zu tun, aber wenn du mir bei diesem kleinen Projekt hilfst, wäre das einfach großartig. Ich könnte es wirklich nicht ohne dich schaffen."

4. Falsche Anerkennung durch übertriebene Freundlichkeit:

Übertriebene Freundlichkeit oder joviales Getue kann dazu verwendet werden, das Opfer emotional zu beeinflussen und ihm das Gefühl zu geben, sich mit dem Manipulator verbunden zu fühlen.

Beispiel: „Komm schon, sei nicht so steif! Du weißt doch, wie sehr wir uns schätzen! Du bist der Beste!"

Schutz: Wie man sich vor Schmeichelei und jovialem Getue schützt

1. Kritisches Hinterfragen:

Achte darauf, ob die Schmeichelei wirklich aus einem ehrlichen Interesse kommt oder ob sie dazu dient, dich in eine bestimmte Richtung zu lenken. Wenn die Schmeicheleien zu gut klingen, um wahr zu sein, ist oft etwas im Spiel.

Beispiel: „Warum sagt mir diese Person immer wieder, wie toll ich bin? Was will sie im Gegenzug?"

2. Setze klare Grenzen:

Auch wenn es unangenehm ist, setze klare Grenzen gegenüber Menschen, die versuchen, dich durch übermäßige Freundlichkeit zu manipulieren. Du kannst freundlich bleiben, aber bestimmt ablehnen, was du nicht möchtest.

Beispiel: „Danke für das Kompliment, aber ich finde es wichtig, ehrlich zu bleiben, und ich möchte diese Entscheidung ohne äußeren Druck treffen."

3. Unterscheide zwischen echter Freundschaft und Manipulation:

Wahre Freundschaft basiert auf Respekt und Vertrauen. Manipulatoren suchen jedoch Nähe, um dich zu beeinflussen und zu kontrollieren. Es ist wichtig, diese Unterscheidung frühzeitig zu treffen, um nicht in die Falle zu tappen.

Beispiel: „Ich schätze, dass du mir hilfst, aber ich möchte sicherstellen, dass deine Hilfe aufrichtig ist und nicht mit Erwartungen verknüpft ist."

4. Behalte deine Unabhängigkeit:

Lass dich nicht in eine emotionale Abhängigkeit drängen, indem du dich von den Schmeicheleien oder dem jovialen Getue beeinflussen lässt. Bewahre deine eigene Meinung und Selbstständigkeit.

Beispiel: „Ich weiß, dass du mich schätzt, aber ich möchte sicherstellen, dass ich meine Entscheidungen selbst treffe, ohne Druck von außen."

Fazit

Schmeichelei und joviales Getue sind mächtige manipulative Werkzeuge, die oft unter dem Deckmantel von Freundlichkeit und Zuneigung verborgen sind. Um sich davor zu schützen, ist es wichtig, aufmerksam zu sein, kritische Fragen zu stellen und klare Grenzen zu setzen. Nur so kann verhindert werden, dass man emotional manipuliert wird und die Kontrolle über das eigene Leben verliert.

Psychologische Druckmittel – Subtile Manipulationstechniken, die du kennen solltest

17.

„Du bist doch nicht so empfindlich, oder? Es war doch nicht so gemeint!"

Psychologische Druckmittel sind eine der subtilsten Formen der Manipulation. Sie werden oft in den Alltag eingebaut und können in jeder Art von Beziehung – sei es zwischen Partnern, in der Familie oder am Arbeitsplatz – vorkommen. Diese Techniken setzen auf Unsicherheit, Schuld und Verwirrung, um das Opfer emotional zu kontrollieren. Es sind oft subtile, aber äußerst wirksame Methoden, die das Opfer dazu bringen, an seiner eigenen Wahrnehmung zu zweifeln und sich zu fragen, ob es wirklich das Problem ist. In diesem Kapitel betrachten wir, wie diese Techniken angewendet werden, wie sie zu erkennen sind und wie man sich davor schützen kann.

Erkennen: Wie psychologische Druckmittel funktionieren

1. Schuldzuweisungen: Ein häufiges Druckmittel, das in vielen manipulativen Beziehungen verwendet wird, ist das Umkehren von Verantwortung. Der Manipulator gibt dir das Gefühl, für alle negativen Ereignisse in der Beziehung verantwortlich zu sein, egal wie unberechtigt das ist. Dies führt dazu, dass du dich ständig schuldig fühlst und versuchst, das Verhalten des Manipulators zu rechtfertigen.

Beispiel: Der Manipulator könnte sagen: "Wenn du mich nicht so behandelt hättest, wären wir nicht in dieser Situation. Du hast das alles verursacht."

In diesem Szenario wird dem Opfer die Verantwortung für die Probleme zugeschoben, was es in eine passive Rolle versetzt, in der es sich ständig entschuldigen muss, auch wenn es eigentlich keine Schuld trägt.

2. Verwendung von Unsicherheit: Manipulierende Personen säen häufig Zweifel an der Wahrnehmung des Opfers. Sie versuchen, die Realität des Opfers zu verzerren, um es zu verunsichern und seine Wahrnehmung in Frage zu stellen. Diese Taktik wird häufig verwendet, um die Kontrolle zu erlangen.

Beispiel: „Bist du sicher, dass du das richtig verstehst ? Vielleicht hast du es einfach falsch interpretiert."

Diese Taktik führt dazu, dass das Opfer seine eigene Wahrnehmung anzweifelt und sich zunehmend unsicher fühlt. Der Manipulator hat so die Möglichkeit, die Wahrheit nach seinen eigenen Bedürfnissen zu gestalten.

3. Zweifel an deinen Gefühlen: Der Manipulator nimmt oft die Gefühle des Opfers und stellt sie in Frage. Wenn das Opfer emotional reagiert oder sich über eine Situation beschwert, wird oft gesagt, dass es überreagiert oder zu empfindlich ist. Dies führt dazu, dass das Opfer seine eigenen Emotionen nicht mehr ernst nimmt und sich selbst als „überempfindlich" oder „ungerecht" empfindet.

Beispiel: „Du bist viel zu empfindlich! Es war doch wirklich nicht so schlimm."

Dies führt dazu, dass das Opfer sich schämt, seine Gefühle zu äußern, und es in Zukunft vermeidet, sich gegen den Manipulator zu wehren.

Methoden: Wie psychologische Druckmittel eingesetzt werden

1. Schuld und Verantwortung umkehren: Manipulierende Personen sind Meister darin, Verantwortung zu vermeiden und die Schuld auf das Opfer zu schieben. Sie lassen sich als Opfer darstellen, während sie gleichzeitig dem anderen die Schuld für alle negativen Ereignisse zuschreiben.

Beispiel: Der Manipulator macht dem Opfer klar, dass es die Beziehung in eine problematische Richtung gebracht hat. Aussagen wie „Du bist schuld, dass wir uns immer streiten" oder „Wenn du mich nicht so verletzt hättest, würde alles in Ordnung sein" sind typische Beispiele. Diese Aussagen verleiten das Opfer dazu, sich ständig zu entschuldigen und das Verhalten des Manipulators zu entschuldigen, anstatt die wahre Ursache zu erkennen.

2. Zweifel an der eigenen Wahrnehmung: Eine weitere verbreitete Manipulationstechnik ist es, das Opfer an seiner eigenen Wahrnehmung oder seinen Erinnerungen zweifeln zu lassen. Diese Taktik wird oft

verwendet, um die Wahrheit zu verschleiern und den Manipulator von Verantwortung freizusprechen.

Beispiel: „Ich habe das nie gesagt! Du hast es dir nur eingebildet."

Diese Taktik führt dazu, dass das Opfer sich immer wieder fragt, ob es sich alles nur eingebildet hat, was die Kontrolle des Manipulators über die Situation stärkt.

3. Verwirrung und Unsicherheit schaffen: Manipulierende Personen versuchen oft, Verwirrung zu stiften, indem sie widersprüchliche Aussagen machen oder das Opfer in einen Zustand ständiger Unsicherheit versetzen. Dies führt dazu, dass das Opfer immer wieder über die Situation nachdenkt und nie wirklich sicher ist, was die Wahrheit ist.

Beispiel: Der Manipulator sagt: „Ich verstehe nicht, warum du so reagierst. Ich habe das doch nur aus Sorge gesagt!"

Diese Widersprüche und emotionalen Achterbahnfahrten führen dazu, dass das Opfer seinen Standpunkt in Frage stellt und glaubt, es sei zu empfindlich.

Schutz: Wie du dich vor psychologischem Druck schützt

1. Grenzen setzen und für dich selbst einstehen: Das Wichtigste, um sich gegen psychologische Druckmittel zu wehren, ist es, gesunde Grenzen zu setzen. Du musst lernen, Verantwortung für deine eigenen Gefühle und Entscheidungen zu übernehmen und dich nicht für Dinge verantwortlich zu fühlen, die du nicht verursacht hast. Es ist wichtig, sich zu verteidigen und sich nicht schuldig zu fühlen, wenn du deine Meinung vertrittst.

Beispiel: Wenn jemand dir die Schuld für etwas zuschiebt, sage: „Ich übernehme Verantwortung für meine eigenen Fehler, aber ich kann nicht für alles verantwortlich gemacht werden, was schiefgeht."

2. Selbstbewusstsein entwickeln: Ein weiterer wichtiger Schritt ist es, dein Selbstbewusstsein zu stärken. Wenn du dir sicher bist, wie du dich in einer bestimmten Situation fühlst, wird es dir leichter fallen, diese Gefühle zu verteidigen. Manipulatoren können nur dann erfolgreich sein, wenn du unsicher bist und

an deinen eigenen Wahrnehmungen zweifelst. Wenn du dich selbst gut kennst, kannst du Manipulationen schnell erkennen und abwehren.

Beispiel: Wenn du dich verletzt fühlst, lass dich nicht davon abbringen, dies zu äußern. Sei dir bewusst, dass deine Gefühle berechtigt sind.

3. Denk nach, bevor du reagierst: Wenn du merkst, dass dir jemand immer wieder Zweifel an deiner Wahrnehmung oder deinen Gefühlen einpflanzt, nimm dir Zeit, um nachzudenken. Überlege, was wirklich vorgefallen ist, bevor du reagierst. Manipulatoren erwarten oft sofortige Reaktionen, die sie dann ausnutzen können, um dich weiter zu kontrollieren.

Beispiel: „Ich werde darüber nachdenken und später auf diese Situation zurückkommen." dies gibt dir die Zeit, die du brauchst, um dich nicht von den Manipulationen in die Enge treiben zu lassen.

Fazit:

Psychologische Druckmittel können sehr subtil und schwer zu erkennen sein, aber sie sind eine der gefährlichsten Formen der Manipulation, weil sie die Wahrnehmung und das Selbstvertrauen des Opfers untergraben. Indem du die Techniken erkennst und die richtigen Schutzmaßnahmen anwendest, kannst du dich vor diesen Manipulationen schützen und deine emotionale Unabhängigkeit bewahren.

fiktive Szenarien

18.

1. Gaslighting im Freundeskreis

Protagonist: Jenna

Situation: Jenna ist eine selbstbewusste Frau, die eine enge Freundin, Klara, hat. Doch Klara beginnt immer wieder, Sabine zu verunsichern. Wenn Jenna sich über eine Situation beschwert, die ihr unangenehm war, wie zum Beispiel Klaras wiederholte Verspätungen bei Treffen, reagiert Klara mit: „Ach, du übertreibst mal wieder. Das war doch gar nicht so schlimm, du hast das alles nur in deinem Kopf."

Psychotrick: Gaslighting

Entwicklung: Jenna fühlt sich zunehmend unsicher und fragt sich, ob sie wirklich zu empfindlich ist. Sie beginnt an ihrer eigenen Wahrnehmung zu zweifeln. Doch als Jenna sich nach einiger Zeit mit einer anderen Freundin über Klaras Verhalten unterhält, erkennt sie, dass ihre Wahrnehmung völlig richtig war und dass Klara sie mit kleinen Manipulationen ständig in Frage gestellt hat.

Erkenntnis: Jenna lernt, dass Gaslighting subtil sein kann, und wie wichtig es ist, ihrer eigenen Wahrnehmung zu vertrauen.

2. Emotionale Erpressung durch den Partner

Protagonist: Laura

Situation: Laura lebt mit ihrem Freund Mark zusammen. Mark ist ein sehr emotionaler Mensch, und wenn es Laura mal nicht so gut geht und sie das Bedürfnis hat, für sich selbst zu sorgen, droht Mark regelmäßig, „nicht mehr zu wissen, wie er ohne sie leben soll". Einmal sagt er: „Wenn du mich jetzt verlässt, weiß ich nicht, ob ich noch weiterleben möchte."

Psychotrick: Emotionale Erpressung

Entwicklung: Laura fühlt sich schuldig, auch wenn sie weiß, dass diese Drohung unbegründet ist und Mark versucht, sie emotional unter Druck zu setzen. Doch sie erkennt, dass sie die Verantwortung für seine Gefühle nicht tragen kann und dass seine Drohungen nicht ihre Aufgabe sind, zu beheben.

Erkenntnis: Laura lernt, dass emotionale Erpressung eine Form der Manipulation ist, die ihre eigenen Bedürfnisse in den Hintergrund stellt, und dass sie die Verantwortung für Mark nicht übernehmen muss.

3. Manipulation durch eine Mutter

Protagonist: Katrin

Situation: Katrin lebt mit ihrer Mutter, die sehr abhängig von ihr ist. Ihre Mutter schiebt immer wieder Schuldgefühle vor, wenn Katrin etwas für sich selbst tun möchte, etwa einen Wochenendtrip mit Freunden zu planen. Sie sagt dann oft: „Was würde ich nur ohne dich tun? Du bist doch meine einzige Stütze."

Psychotrick: Abhängigkeitsmanipulation

Entwicklung: Katrin fühlt sich zerrissen zwischen den Wünschen ihrer Mutter und ihren eigenen Bedürf-

nissen. Sie beginnt, sich selbst als „Verantwortliche"
für das Wohl ihrer Mutter zu sehen. Doch nach einem
langen Gespräch mit einer Freundin wird ihr klar, dass
ihre Mutter sie bewusst in eine Rolle drängt, um ihre
eigene Unabhängigkeit nicht zu verlieren.

Erkenntnis: Katrin lernt, dass sie ihre eigenen Bedürfnisse nicht für die ihrer Mutter opfern muss und
dass ihre Mutter in der Lage ist, Verantwortung für ihr
eigenes Leben zu übernehmen.

4. Manipulation im Restaurant: Die charmante Täuschung

Protagonist: Marco

Situation: Marco ist in einem schicken Restaurant
mit einer Bekannten, die er noch nicht sehr gut kennt.
Sie tut so, als wäre sie ein Experte in allem, vom
Weinauswählen bis zum Menü. Immer wieder sagt sie:
„Du hast doch sicher keine Ahnung von gutem Wein,
oder?" und „Ich kann dir wirklich alles erklären." Es
fühlt sich ein wenig unangenehm an, aber Marco lässt
es geschehen.

Psychotrick: Charmante Manipulation

Entwicklung: Marco beginnt, sich unwohl zu fühlen, als sie ihn immer wieder herabsetzt. Doch anstatt
sich zu entschuldigen, spielt sie weiterhin die Rolle der
„Wissenden". Im Gespräch mit einem Freund später
wird Marco klar, dass ihre Behauptungen nur dazu
dienen, ihn in eine untergeordnete Position zu drängen
und sein Selbstbewusstsein zu schwächen.

Erkenntnis: Marco lernt, dass charmante Manipulation darauf abzielt, die Unsicherheit des anderen auszunutzen und das Selbstwertgefühl zu untergraben.

5. Das ausgenutzte Helfer-Syndrom

Protagonist: Clara

Situation: Clara hat eine Kollegin, die immer wieder in Notfällen zu ihr kommt und um Hilfe bittet. Zuerst fühlt Clara sich gut dabei, ihre Kollegin zu unterstützen. Doch die Hilfe wird immer mehr zur
Gewohnheit, und Clara merkt, dass sie ihre eigenen

Bedürfnisse ständig hinten anstellen muss. „Ich weiß, du hast es gerade stressig, aber du bist die einzige, die mir bei diesem Projekt helfen kann."

Psychotrick: Helferkomplex und Ausnutzung

Entwicklung: Clara beginnt, sich erschöpft und überlastet zu fühlen, merkt aber, dass sie es nie wirklich „gut genug" machen kann, um die Erwartungen der Kollegin zu erfüllen. Sie erkennt, dass ihre Kollegin nur von ihrer Hilfsbereitschaft profitiert und dass sie ihre Grenzen besser setzen muss.

Erkenntnis: Clara lernt, dass der Helferkomplex dazu führen kann, dass man sich selbst und seine eigenen Bedürfnisse ignoriert und dass es wichtig ist, Hilfe nur dann zu geben, wenn man selbst dazu in der Lage ist, ohne sich selbst aufzugeben.

6. Joviales Getue im Freundeskreis

Protagonist: Daniel

Situation: Daniel hat einen Freund, der sich ständig jovial und locker gibt, dabei jedoch unterschwellig Kritik übt und andere herunterzieht. Beim gemeinsamen Abendessen sagt er oft: „Oh, du bist so gut im Kochen, aber ich kann mir nicht vorstellen, dass du wirklich so erfolgreich bist, oder?" Immer mit einem Lächeln, als ob es ein Scherz wäre.

Psychotrick: Subliminale Manipulation durch humorvolle Kritik

Entwicklung: Daniel beginnt, sich unwohl zu fühlen und merkt, dass dieser Humor eigentlich eine subtile Form der Kritik ist, die ihn unsicher machen soll. Er erkennt, dass sein Freund eigentlich Unsicherheiten in ihm schürt, um selbst besser dazustehen.

Erkenntnis: Daniel lernt, dass es eine Form der Manipulation ist, sich hinter Humor zu verstecken, um die Schwächen anderer zu entblößen, und dass er sich dagegen wehren muss.

7. Der Narzisstische Boss

Protagonist: Sophie und ihr Chef Markus

Situation: Sophie arbeitet seit zwei Jahren als Marketing-Managerin in einem mittelständischen Unternehmen. Ihr Chef Markus ist ein charismatischer, aber auch dominanter Mann, der sich ständig in den Vordergrund stellt. Wenn es im Team Erfolge gibt, erwartet er stets, dass sie ihm zugeschrieben werden. „Ohne mich hätte das Projekt nicht den Erfolg gehabt, den es jetzt hat", sagt er oft und streicht sich selbst die Lorbeeren. Bei Fehlern im Team jedoch zeigt er mit dem Finger auf andere und behauptet, sie hätten „nicht richtig gearbeitet".

Psychotrick: Manipulation durch Selbstinszenierung und Schuldzuweisung

Entwicklung: Sophie fühlt sich zunehmend übergangen und ungerecht behandelt. Ihre eigene Arbeit wird nicht gewürdigt, während Markus seine Position ausnutzt, um sich als unersetzlich darzustellen. Sie bemerkt, dass er ständig in den Vordergrund tritt, aber nie Verantwortung für Fehler übernimmt.

Fazit: Sophie erkennt, dass sie ihre eigenen Leistungen nicht mehr unterdrücken sollte. Sie setzt sich mit Markus auseinander und fordert ein angemessenes

Maß an Anerkennung für ihre Arbeit. Es wird ihr klar, dass Narzissten oft die Anerkennung anderer ausnutzen, um sich selbst zu profilieren, und dass es wichtig ist, sich von diesem Verhalten nicht unterdrücken zu lassen.

Erkenntnis: Durch klare Kommunikation und Selbstwertgefühl kann Sophie lernen, sich abzugrenzen und ihre Arbeit als wertvoll zu erkennen.

8. Die „Gute Freundin" (Manipulation durch vermeintliche Hilfe)

Protagonist: Sabine und ihre Freundin Heike

Situation: Sabine kennt Heike seit vielen Jahren und ist immer für sie da, wenn sie Hilfe braucht. Doch mit der Zeit merkt Sabine, dass Heike immer wieder kleine, aber wiederholte Gefälligkeiten von ihr verlangt: „Kannst du mir schnell bei der Steuererklärung helfen?", „Ich habe vergessen, die Kinder von der Schule abzuholen, kannst du das machen?" Sabine fühlt sich zunehmend überfordert, weil Heike nie von sich aus etwas zurückgibt, sondern nur immer nimmt.

Psychotrick: Manipulation durch ständige Forderungen und einseitige Abhängigkeit

Entwicklung: Sabine beginnt, sich erschöpft zu fühlen und fragt sich, warum sie immer diejenige ist, die hilft, aber nie Unterstützung bekommt. Sie wird sich bewusst, dass Heikes Hilfsbitten mehr darauf abzielen, eine Art von Kontrolle über sie auszuüben, anstatt wirklich eine Freundschaft zu fördern.

Fazit: Sabine spricht mit Heike über ihre Gefühle und erklärt, dass sie nicht länger bereit ist, diese einseitige Beziehung fortzuführen. Sie erkennt, dass wahre Freundschaft auf Geben und Nehmen basiert und dass es in Ordnung ist, Grenzen zu setzen.

Erkenntnis: Sabine lernt, dass wahre Hilfe nicht aus Selbstaufgabe besteht, sondern aus gegenseitigem Respekt und Unterstützung.

9. Der Gaslighter

Protagonist: Lisa und ihr Freund Tom

Situation: Lisa merkt, dass sie mit Tom immer wieder in Auseinandersetzungen gerät. Es fängt an, sie an sich selbst zu zweifeln. Wenn sie ihm erzählt, dass er sie bei bestimmten Themen verletzt hat, antwortet er oft mit: „Das hast du dir nur eingebildet, ich habe nie so etwas gesagt." In Diskussionen fühlt sie sich zunehmend verwirrt und fängt an, ihre Wahrnehmung infrage zu stellen. „Vielleicht übertreibe ich wirklich", denkt sie sich immer wieder.

Psychotrick: Manipulation durch Infragestellung der Wahrnehmung und der Realität

Entwicklung: Lisa fühlt sich immer unsicherer und zweifelt an ihrem eigenen Urteil. Schließlich spricht sie mit einer Freundin über diese Vorfälle. Ihre Freundin bestätigt, dass Tom sehr manipulativ ist und sie in der Beziehung immer wieder versucht, ihre Wahrnehmung zu verzerren. Lisa wird klar, dass sie Opfer von Gaslighting geworden ist.

Fazit: Lisa erkennt, dass es wichtig ist, ihre Wahrnehmung und Intuition nicht in Frage zu stellen. Sie lernt, klare Grenzen zu setzen und sich nicht länger von Tom manipulieren zu lassen.

Erkenntnis: Gaslighting ist eine der subtilsten Formen der Manipulation, die oft dazu führt, dass sich das Opfer selbst anzweifelt. Lisa lernt, sich ihrer eigenen Wahrnehmung und Wahrhaftigkeit bewusst zu sein.

10. Der Schuldzuweiser (Emotionaler Erpresser)

Protagonist: David und seine Mutter Ingrid

Situation: David ist ein Erwachsener mit einer eigenen Familie, aber seine Mutter Ingrid ist immer wieder bei ihm und fordert viel Aufmerksamkeit. „Du hast mir versprochen, mir zu helfen, und jetzt bist du nie da, wenn ich dich brauche. Ich habe immer alles für dich getan und du lässt mich jetzt im Stich." David fühlt sich ständig in Schuldfragen gedrängt. Wenn er versucht, sich selbst eine Auszeit zu nehmen oder mit seiner eigenen Familie Zeit zu verbringen, hört er von seiner Mutter, dass er sie im Stich lässt.

Psychotrick: Manipulation durch Schuldgefühle und emotionalen Druck

Entwicklung: David merkt, dass seine Mutter immer wieder mit emotionaler Erpressung versucht, ihn zu kontrollieren. Er fühlt sich von ihrer ständigen Forderung nach Aufmerksamkeit und Unterstützung erschöpft. David erkennt, dass er in eine Falle tappt, wenn er immer wieder auf diese Schuldgefühle eingeht.

Fazit: David lernt, sich nicht ständig von der emotionalen Erpressung seiner Mutter beeinflussen zu lassen. Er spricht mit ihr offen über seine Grenzen und erklärt, dass er für sie da ist, aber auch sein eigenes Leben führen muss.

Erkenntnis: Emotionale Erpressung kann dazu führen, dass man sich ständig schuldig fühlt. Es ist wichtig, gesunde Grenzen zu setzen und sich nicht von den Gefühlen anderer Menschen manipulieren zu lassen.

11. Der Perfekte Partner (Der Kontrollierende)

Protagonist: Sophie und ihr Freund Christian

Situation: Sophie ist seit einem Jahr in einer Beziehung mit Christian. Anfangs schien alles perfekt, doch mit der Zeit fällt ihr auf, dass Christian sie immer wieder in ihren Entscheidungen beeinflusst. „Warum trägst du heute nicht das andere Outfit?", „Ich finde, du solltest dich mehr um deinen Job kümmern und weniger um deine Freunde." Christian gibt immer wieder „gut gemeinte" Ratschläge, die Sophie zusehends verunsichern. Sie beginnt, ihre eigenen Entscheidungen immer mehr zu hinterfragen.

Psychotrick: Manipulation durch subtile Kontrolle und Bevormundung

Entwicklung: Sophie merkt schließlich, dass Christian nicht wirklich ihre besten Interessen im Blick hat, sondern sie Stück für Stück unter seine Kontrolle bringt. Sie spricht mit einer Freundin über ihre Bedenken und erfährt, dass viele ihrer Freunde ebenfalls das Gefühl haben, dass Christian sie beeinflusst.

Fazit: Sophie erkennt, dass sie ihre eigenen Entscheidungen wieder selbst treffen muss. Sie spricht mit

Christian und erklärt ihm, dass sie nicht mehr bereit ist, ihre Autonomie aufzugeben.

Erkenntnis: Der „perfekte Partner" ist oft derjenige, der sich durch subtile Kontrolle und Bevormundung in das Leben des anderen drängt. Sophie lernt, dass wahre Liebe auf Respekt vor der Individualität des anderen basiert.

12. Der Stalker

Protagonist: Clara und der Stalker Martin

Situation: Clara hat sich vor einigen Monaten von Martin getrennt. Die Beziehung war lang und emotional belastend, aber sie hat schließlich den Schritt gewagt, um sich aus einer ungesunden Dynamik zu befreien. Doch nach der Trennung hört sie immer wieder von ihm: Zuerst schickt er ihr Nachrichten, dann immer mehr. „Ich kann dich nicht vergessen", „Ich habe mich verändert, lass uns noch einmal reden". Eines Abends steht er plötzlich vor ihrer Tür.

Psychotrick: Manipulation durch ständige Verfolgung und Belästigung

Entwicklung: Clara fühlt sich zunehmend einge-
engt und ängstlich. Sie hatte das Gefühl, dass Martin
die Grenze der Normalität überschreitet, als er sie auf
der Arbeit überrascht und an Orten auftaucht, wo sie
nicht mit ihm gerechnet hätte. Ihre Freundinnen raten
ihr, ihn endgültig zu blockieren, aber Clara fühlt sich
noch immer mitschuldig und zweifelt an ihrem Verhalten.

Fazit: Clara erkennt, dass sie nicht für Martins Gefühle verantwortlich ist und dass es keine Entschuldi-
gung für solches Verhalten gibt. Sie sucht sich Hilfe,
um rechtliche Schritte einzuleiten und lässt sich von
ihm nicht weiter belästigen.

Erkenntnis: Stalker nutzen Schuldgefühle und
Zuneigung aus, um sich in das Leben des anderen zu
drängen. Clara lernt, dass es keine Ausreden für solches Verhalten gibt und dass es wichtig ist, sich durch
rechtliche Mittel und Unterstützung zu schützen.

13. Der Täter mit der Kindesentzugserpressung

Protagonist: Felix und seine Ex-Frau Anna

Situation: Felix hat nach der Trennung von Anna das gemeinsame Sorgerecht für ihren Sohn Tim übernommen. Doch Anna macht ihm das Leben schwer. Jedes Mal, wenn er versucht, sich um seinen Sohn zu kümmern oder eine Entscheidung zu treffen, droht sie ihm mit dem Entzug des Sorgerechts: „Wenn du das machst, bekomme ich das alleinige Sorgerecht und du wirst deinen Sohn nie wieder sehen!" Felix fühlt sich ständig unter Druck gesetzt und hat Angst, etwas falsch zu machen.

Psychotrick: Manipulation durch Kindesentzug und emotionale Erpressung

Entwicklung: Felix merkt, dass Anna immer wieder mit dieser Drohung agiert, um ihn zu kontrollieren und ihm das Gefühl zu geben, dass er ein schlechter Vater ist. Er zieht sich immer weiter zurück, aus Angst, den Kontakt zu Tim zu verlieren. Doch eines Tages spricht er mit seinem Anwalt und erkennt, dass er nicht verpflichtet ist, ihre Erpressung hinzunehmen.

Fazit: Felix lernt, dass er seine Rechte als Vater durchsetzen kann und sich nicht von Annas Drohungen erpressen lassen muss. Er spricht mit Anna klar und setzt Grenzen, während er gleichzeitig das Wohl von Tim im Auge behält.

Erkenntnis: Emotionale Erpressung in Form von Kindesentzug ist eine perfide Methode, um jemanden zu kontrollieren. Felix erkennt, dass er sich selbst und das Wohl seines Sohnes schützen muss.

13. Der Perfekte Helferkomplex

Protagonist: Julia und ihre Bekannte Monika

Situation: Julia hat eine Bekannte namens Monika, die immer sehr hilfsbereit und fürsorglich wirkt. Wenn jemand Hilfe braucht, ist Monika sofort zur Stelle: „Du kannst auf mich zählen!" Doch Julia merkt, dass Monika oft Hilfe anbietet, auch wenn niemand danach fragt. Eines Tages sagt Monika zu Julia: „Ich habe schon wieder ein Projekt organisiert, um dir zu helfen, dein Leben besser zu strukturieren. Du bist doch so unorganisiert, und ich will dir wirklich helfen." Julia fühlt sich jedoch zunehmend bevormundet und überfordert.

Psychotrick: Manipulation durch ständige Hilfsangebote und Schuldgefühle

Entwicklung: Julia merkt, dass Monikas „Hilfe" oft mehr Kontrolle und Einflussnahme bedeutet als echte Unterstützung. Sie fühlt sich, als würde Monika ihre Schwächen ausnutzen, um sich in ihr Leben einzumischen.

Julia beginnt, sich immer mehr zu fragen, ob sie wirklich Hilfe braucht oder ob Monika sie einfach nur in ihre „Schutzbefohlenenrolle" drängen will.

Fazit: Julia spricht mit Monika über ihre Gefühle und stellt klar, dass sie keine „Hilfe" mehr möchte, die ihr das Gefühl gibt, weniger kompetent zu sein. Sie setzt klare Grenzen und erkennt, dass es okay ist, Hilfe abzulehnen, wenn sie aus einem Gefühl der Überlegenheit angeboten wird.

Erkenntnis: Menschen, die ständig Hilfe anbieten, ohne gefragt zu werden, können unbewusst ein Machtverhältnis aufbauen. Julia lernt, dass wahre Hilfe darin besteht, den anderen zu unterstützen, ohne ihn herabzusetzen oder zu kontrollieren.

14. Die Perfekte Fassade

Protagonist: Svenja und ihre Kollegin Lena

Situation: Svenja arbeitet mit Lena zusammen, die immer so perfekt wirkt: Sie ist stets gut gekleidet, hilfsbereit und scheint nie ein Problem zu haben. Doch je näher Svenja Lena kennenlernt, desto mehr merkt sie, dass diese Perfektion eine Fassade ist. Lena ist ständig darauf bedacht, das perfekte Bild von sich zu vermitteln, doch in Gesprächen zeigt sich immer wieder, dass sie tief im Inneren mit Selbstzweifeln und Unsicherheiten kämpft. Doch statt sich mit diesen Themen auseinanderzusetzen, nutzt sie die Schwächen anderer aus, um von ihren eigenen Problemen abzulenken.

Psychotrick: Manipulation durch das Erzeugen einer Fassade und die Ablenkung von eigenen Unsicherheiten

Entwicklung: Svenja merkt, dass sie in der Arbeit immer wieder in Situationen gerät, in denen Lena ihre Kollegen oder sie selbst manipuliert, um ihre eigenen

Mängel zu verbergen. Sie fühlt sich zunehmend benutzt und erkennt, dass Lena ihre Fassade dazu nutzt, Kontrolle auszuüben und die Erwartungen an sich selbst zu perfektionieren.

Fazit: Svenja erkennt, dass sie sich nicht von Lenas Fassade täuschen lassen darf. Sie beginnt, offen über ihre eigenen Gefühle und Schwächen zu sprechen und stellt fest, dass auch Lena mit ihren eigenen Ängsten zu kämpfen hat.

Erkenntnis: Die Perfekte Fassade ist eine Methode, um Schwächen zu verbergen und Kontrolle zu behalten. Svenja lernt, dass es wichtig ist, die Echtheit in Beziehungen zu schätzen und sich von Oberflächlichkeiten nicht täuschen zu lassen.

15. Der Mitläufer (Überanpassung an andere)

Protagonist: Christian und seine Freunde

Situation: Christian ist in einer Clique von Freunden, die alle eine sehr bestimmte Meinung und Einstellung haben. Während Christian früher selbstbewusst seine eigenen Meinungen vertrat, merkt er nun, dass er immer mehr in die Gruppe hineingezogen wird. Er stimmt immer wieder Dingen zu, die er eigentlich nicht gut findet, nur um nicht aus der Reihe zu tanzen. „Klar, das ist eine gute Idee", sagt er, auch wenn er sich innerlich dagegen sträubt.

Psychotrick: Manipulation durch Gruppenzwang und Überanpassung

Entwicklung: Christian merkt, dass er sich selbst immer mehr verliert, indem er sich ständig an den Erwartungen und Meinungen der anderen orientiert. Er fühlt sich nicht mehr authentisch und beginnt, seine eigene Meinung immer mehr zu unterdrücken, nur um Konflikten aus dem Weg zu gehen.

Fazit: Christian erkennt, dass er in einer toxischen Dynamik gefangen ist und beschließt, für sich selbst einzutreten und seine eigene Meinung zu vertreten. Er lernt, dass wahre Freundschaft nicht auf Zwang und Anpassung basiert, sondern auf dem Respekt für die Individualität des anderen.

Erkenntnis: Der Mitläufer ist ein Beispiel für die subtile Manipulation durch Gruppenzwang. Christian lernt, dass es wichtig ist, sich selbst treu zu bleiben und für seine eigenen Überzeugungen einzutreten.

16. Love Bombing

Protagonistin: Sarah und der charismatische Max

Situation: Sarah trifft Max über eine Online-Dating-Plattform. Er ist charmant, aufmerksam und scheint sich unglaublich für sie zu interessieren. Schon nach ein paar Tagen schickt er ihr Rosen und prahlt mit großartigen Plänen für ihre gemeinsame Zukunft. „Du bist meine Traumfrau", „Ich kann mir ein Leben ohne dich nicht mehr vorstellen." Sarah fühlt sich geschmeichelt und überhäuft mit Aufmerksamkeit. Max scheint perfekt zu sein – alles, was sie sich gewünscht hat.

Psychotrick: Manipulation durch übermäßige Zuneigung, schnelle Bindung und unrealistische Versprechungen

Entwicklung: Doch nach ein paar Wochen ändert sich Max plötzlich. Seine Nachrichten werden weniger und kühler. Sarah fühlt sich verunsichert, fragt sich, ob sie etwas falsch gemacht hat. Max beginnt, kleine Vorwürfe zu machen: „Warum meldest du dich nicht öfter? Ich dachte, du wärst diejenige für mich." Er zieht sich immer mehr zurück, und Sarah wird nervös. Sie merkt, dass die plötzliche Kälte von Max genauso manipulierend war wie die anfängliche Überschwänglichkeit.

Fazit: Sarah erkennt, dass sie gerade das Opfer eines Love Bombings geworden ist – Max' anfängliche Überhäufung mit Liebe und Zuneigung war nur ein Trick, um sie schnell emotional abhängig zu machen. Sie zieht sich zurück, lernt aus der Erfahrung und lässt sich nicht mehr von der „überschwänglichen Liebe" täuschen.

Erkenntnis: Love Bombing ist eine Manipulationstechnik, bei der jemand zu schnell und zu intensiv Zuneigung zeigt, um den anderen emotional zu binden und dann mit kontrollierendem Verhalten den Halt zu gewinnen.

17. Love Scammer

Protagonistin: Tina und der „perfekte" Mann Daniel

Situation: Tina hat sich auf einer Social Media-Plattform in den charmanten Daniel verliebt, der ihr immer wieder wunderschöne Nachrichten schickt und ihr sehr ähnliche Interessen vorgaukelt. Sie fühlt sich von ihm verstanden und gibt ihm schnell ihre Liebe und Vertrauen. Daniel erzählt Tina, dass er im Ausland auf einem Geschäftsprojekt ist und oft in finanziellen Schwierigkeiten steckt. Eines Tages bittet er sie um ein kleines Darlehen, weil er aufgrund eines „Notfalls" in seiner Arbeit Geld braucht.

Psychotrick: Manipulation durch falsche Identität, emotionale Erpressung und finanzielle Ausbeutung

Entwicklung: Tina überwweist ihm das Geld, ohne zu zögern. Doch die Forderungen werden immer größer. Daniel bittet immer wieder um mehr Geld, erklärt, dass er das Projekt abgeschlossen hat und bald zu ihr kommen wird. Doch er meldet sich immer seltener und wenn, dann gibt es nur vage Ausreden. Irgendwann fällt Tina auf, dass sie nie mit ihm telefoniert hat, sondern nur über Textnachrichten kommuniziert wurde. Sie beginnt, misstrauisch zu werden, als sie hört, dass Daniel bei anderen Frauen ebenfalls Geld verlangt hat.

Fazit: Tina realisiert, dass sie von einem Love Scammer hereingelegt wurde, der ihre Zuneigung und ihr Vertrauen ausgenutzt hat, um sie finanziell zu ruinieren. Sie meldet den Vorfall den Behörden und warnt ihre Freunde vor solchen Betrügern.

Erkenntnis: Love Scammer nutzen emotionale Manipulation und falsche Identitäten, um das Vertrauen ihrer Opfer zu gewinnen und sie dann um Geld zu betrügen. Tina lernt, dass wahre Liebe nicht durch finanzielle Forderungen definiert wird.

Erklärung und psychologische Hintergründe:

Love Bombing und *Love Scamming* basieren beide auf manipulativen Taktiken, die darauf abzielen, das Opfer emotional abhängig zu machen. *Love Bombing* schafft eine falsche Nähe, die dem Opfer das Gefühl gibt, in einer perfekten Beziehung zu sein, während *Love Scamming* auf diese emotionalen Bindungen aufbaut, um finanzielle Gewinne zu erzielen. Der Schlüssel zu beiden Manipulationen ist, die Kontrolle über das Opfer zu gewinnen – sei es durch emotionale Erpressung, finanzielle Forderungen oder das Schüren von Schuldgefühlen.

Erkenntnis:

Love Bombing und *Love Scamming* sind Formen der emotionalen Manipulation, die häufig mit den gleichen psychologischen Tricks arbeiten: schnelle Bindung, Überwältigung durch Zuneigung und Kontrolle. Die Opfer dieser Techniken müssen lernen, die Warnzeichen zu erkennen, Grenzen zu setzen und sich nicht von oberflächlicher Aufmerksamkeit täuschen zu lassen.

18. Der „Helfende Retter"

Protagonistin: Lena und der vermeintlich hilfreiche Tom

Situation: Lena hatte nach einer schwierigen Phase in ihrem Leben – einer Trennung und beruflichen Misserfolgen – mit ihrem Selbstwertgefühl zu kämpfen. In dieser Zeit trifft sie Tom, der ihr sofort das Gefühl gibt, dass er sie „verstehen" kann. Er hört ihr geduldig zu, bietet Ratschläge und verspricht, ihr zu helfen, ihre Ängste zu überwinden und ein besseres Leben zu führen. Zunächst scheint es, als würde Tom ihr wirklich helfen. Doch je mehr Zeit vergeht, desto mehr stellt Lena fest, dass er ihre Fortschritte immer wieder hinterfragt und sie ständig auf seine Hilfe angewiesen macht. „Du wirst es nicht ohne mich schaffen", sagt Tom immer wieder.

Psychotrick: Emotionale Erpressung durch die ständige Betonung, dass der Täter der „Rettende" ist und ohne ihn nichts möglich ist.

Entwicklung: Lena beginnt, sich emotional abhängig zu machen und fühlt sich, als könne sie ohne Tom nichts erreichen. In ihren eigenen Fortschritten sieht sie keine Anerkennung, sondern immer wieder den „Dank" für seine Unterstützung. Schließlich wird ihr klar, dass Tom sie in einem Zustand der Abhängigkeit hält und ihre Selbstständigkeit untergräbt.

Fazit: Lena erkennt, dass Tom kein „Retter", sondern ein emotionaler Manipulator ist, der sich in ihre Schwächen eingeschlichen hat, um sie zu kontrollieren. Sie befreit sich von ihm und lernt, auf ihre eigenen Kräfte zu vertrauen.

Erkenntnis: Der „Helfende Retter" manipuliert das Opfer, indem er sich als die einzige Lösung für dessen Probleme darstellt. Der wahre Manipulator nutzt diese „Hilfe", um das Opfer emotional abhängig zu machen und die Kontrolle über dessen Leben zu übernehmen.

19. Der narzisstische Ex

Protagonistin: Julia und der narzisstische Alexander

Situation: Julia hat sich von Alexander getrennt, weil er sie konstant herabsetzte und emotional missbrauchte. Doch Alexander, der sich als charmanter, aber narzisstischer Mann entpuppt, lässt nicht locker. Immer wieder versucht er, Julia mit sogenannten „Helfer"-Gesten zu gewinnen – kleine Gefälligkeiten, die sie glauben lassen, er hätte sich geändert. Doch hinter der Maske lauert immer noch der manipulative Narzisst. „Ich habe dir doch immer geholfen, du solltest mir endlich dankbar sein, dass ich mich geändert habe", sagt er und benutzt dabei Schmeicheleien, um sie wieder ins Netz zu ziehen.

Psychotrick: Manipulation durch Gaslighting und das Spiel mit Schuldgefühlen. Der Narzisst stellt sich als „Retter" dar, der dem Opfer „geholfen" hat und erwartet, dass es ihm dafür dankbar ist.

Entwicklung: Julia merkt langsam, dass sie immer wieder in die gleiche Falle tappt. Sie fühlt sich zerrissen zwischen ihrer Hoffnung auf Veränderung und den ständigen Manipulationen. Als sie beginnt, Grenzen zu setzen, dreht sich das Spiel um: Alexander zeigt ihr, wie „unfair" sie ihm gegenüber ist, und vermittelt ihr das Gefühl, dass sie in Wirklichkeit der „Schuldige" ist.

Fazit: Julia erkennt die Muster des narzisstischen Missbrauchs und schafft es, sich endgültig von Alexander zu distanzieren. Sie lernt, dass wahre Heilung nur möglich ist, wenn sie sich selbst an erste Stelle setzt und sich nicht von narzisstischen Manipulatoren erneut beeinflussen lässt.

Erkenntnis: Narzissten spielen mit den Emotionen ihrer Ex-Partner, indem sie sich als unschuldige „Retter" präsentieren, um das Opfer in einem emotionalen Dilemma zu halten. Sie machen ihre Opfer schuldig und manipulieren sie, um die Kontrolle zu behalten.

20. Der toxische Freund

Protagonistin: Carla und die freundliche Beatrice

Situation: Carla hatte immer das Gefühl, Beatrice sei ihre beste Freundin. Doch nach einer schwierigen Zeit in Carlas Leben, in der sie eine Beziehung beendet hat und beruflich unzufrieden war, merkt sie, dass Beatrice sie immer wieder manipuliert. Beatrice ist stets „für sie da", bietet ihre Hilfe an und gibt ihr das Gefühl, dass sie ohne sie nicht klarkommen würde. Doch je mehr Carla von Beatrice abhängig wird, desto mehr fordert Beatrice ihre „Hilfe" zurück – sie erwartet ständige Anerkennung und Aufmerksamkeit.

Psychotrick: Die ständige Betonung, dass der manipulative Freund nur „helfen" wolle, aber gleichzeitig von Carla immer wieder fordert, dass sie ihm zuhört und ihm Beachtung schenkt, als Gegenleistung für seine „Hilfe".

Entwicklung: Carla merkt, dass Beatrice mehr an ihrer eigenen Bestätigung interessiert ist, als ihr wirklich zu helfen. Sie beginnt, sich emotional von ihr zu distanzieren und stellt fest, dass wahre Freundschaft auf Gegenseitigkeit beruht und nicht nur auf einseitigen Forderungen.

Fazit: Carla erkennt, dass wahre Freundschaft nicht mit Schuldgefühlen oder ständigen Erwartungen verbunden ist und dass sie sich von toxischen Beziehungen befreien muss, um wieder zu sich selbst zu finden.

Weiterführende Literatur und Ressourcen

19.

1. **Bücher:**

- **„Manipulation: Die Kunst der Beeinflussung"** von Rolf Dobelli
- Ein umfassender Überblick über die psychologischen Mechanismen der Manipulation und wie man sich davor schützt.
- **„Gaslighting: Wie Manipulation unsere Wahrnehmung zerstört"** von Stephanie Sarkis
- Ein tiefgehender Einblick in das Phänomen Gaslighting, einschließlich seiner Auswirkungen auf das Selbstbewusstsein und wie man sich aus manipulativen Beziehungen befreien kann.
- **„Die Psychologie der Manipulation"** von Thomas Erikson
- Ein praktisches Buch, das die verschiedenen Arten von manipulativen Taktiken erklärt und wie man diese in Beziehungen erkennen und abwehren kann.

- **„Emotionale Erpressung: Wie man sich davor schützt"** von Susan Forward
- Ein Klassiker im Bereich der emotionalen Manipulation und Erpressung, der verschiedene Fallstricke aufzeigt und konkrete Schutzstrategien anbietet.
- **„Das Drama des begabten Kindes"** von Alice Miller
- Ein tiefgründiges Werk, das sich mit den emotionalen und psychologischen Auswirkungen von manipulativen Beziehungen, insbesondere innerhalb von Familien, beschäftigt.

1. **Artikel und wissenschaftliche Studien:**

- **„Psychology Today – Manipulation"**
- Diese Fachzeitschrift bietet regelmäßig Artikel zu Themen wie emotionaler Manipulation, Gaslighting und der Psychologie hinter zwischenmenschlichen Manipulationstechniken.
- **„Gaslighting and the manipulation of reality"** (Journal of Personality and Social Psychology, 2019)
- Eine wissenschaftliche Studie, die die Mechanismen von Gaslighting analysiert und die Auswirkungen auf das Opfer beleuchtet.

- **„The Psychology of Manipulation: How to Detect and Protect Yourself"** (American Psychological Association, 2020)
- Ein Artikel, der psychologische Konzepte hinter Manipulation und Kontrollverhalten erklärt und praktische Hinweise zur Selbstverteidigung gibt.
1. **Online-Ressourcen:**
- **Psychology Today – Manipulation Articles**
- Website: www.psychologytoday.com
- Diese Seite bietet zahlreiche Artikel und Blogposts zu emotionaler Manipulation und den dazugehörigen psychologischen Mechanismen.
- **The National Domestic Violence Hotline**
- Website: www.thehotline.org
- Diese Website bietet umfassende Unterstützung für Menschen, die von emotionaler oder physischer Gewalt betroffen sind, einschließlich Ressourcen für den Ausstieg aus manipulativen Beziehungen.

Nützliche Adressen und Ansprechpartner für Unterstützung

1. **Beratungsstellen und Hotlines:**
- **Die Telefonseelsorge Deutschland**
- Telefon: 0800 111 0 111 oder 0800 111 0 222

- Website: www.telefonseelsorge.de
- Kostenlose und anonyme Beratung in Krisen- und Notfällen. Die Telefonseelsorge bietet Unterstützung für Menschen in psychischen und emotionalen Belastungssituationen, einschließlich manipulativer Beziehungen.
- **Der Weiße Ring**
- Telefon: 116 006
- Website: www.weisser-ring.de
- Diese Organisation bietet Unterstützung für Opfer von Straftaten, einschließlich emotionaler und psychischer Gewalt.
- **Hilfetelefon „Gewalt gegen Frauen"**
- Telefon: 08000 116 016
- Website: www.hilfetelefon.de
- Bietet umfassende Beratung und Unterstützung für Frauen, die von Gewalt, einschließlich emotionaler und psychischer Manipulation, betroffen sind.
- **Kriseninterventionszentrum (KIZ)** Website: www.kiz-berlin.de
- Bietet Beratung für Opfer von Gewalt und Manipulation. Auch spezifische Hilfe für Menschen, die unter psychischer Gewalt und Kontrolle leiden.
1. **Psychologische Hilfe und Therapie:**

- **Deutsche Gesellschaft für Psychologie (DGPs)**
- Website: www.dgps.de
- Hier finden Sie eine Liste von zertifizierten Psychotherapeuten und Beratern, die auf emotionales und psychisches Wohlbefinden spezialisiert sind.
- **Deutsche Psychotherapeuten Vereinigung (DPtV)**
- Website: www.dptv.de
- Diese Seite bietet eine Therapeutensuche und Kontakt zu Experten, die speziell in der Behandlung von psychischen Traumata und Manipulationserfahrungen geschult sind.

1. **Online-Foren und Selbsthilfegruppen:**
- **Selbsthilfegruppen für Opfer von Manipulation**
- Website: www.selbsthilfe-gegen-manipulation.de
- Hier können sich Betroffene austauschen, Erfahrungen teilen und Unterstützung von anderen Menschen erfahren, die ähnliche Manipulationserfahrungen gemacht haben.
- **Forum „Psychotherapie und Manipulation" auf Reddit**
- Website: www.reddit.com/r/therapy

- Ein anonymes Forum, in dem Nutzer ihre Erfahrungen und Fragen zu emotionaler Manipulation, Gaslighting und anderen psychischen Herausforderungen teilen können.

1. **Anwälte und Rechtshilfe:**
- **Deutsche Anwaltshotline**
- Website: www.deutsche-anwaltshotline.de
- Hier erhalten Sie schnelle rechtliche Beratung, wenn Sie rechtliche Schritte gegen manipulative oder erpresserische Handlungen erwägen.
- **Rechtsanwalt für Familienrecht**
- Website: www.familienrecht.de
- Spezialisierte Anwälte im Bereich des Familienrechts, die bei Problemen wie emotionaler Erpressung oder Manipulation innerhalb von Partnerschaften oder Familien helfen können.
-

Nachwort

Nachwort

Manipulation ist ein unsichtbares Spiel mit Gedanken und Gefühlen – oft raffiniert, manchmal perfide, aber immer mit dem Ziel, Einfluss auf uns zu nehmen. Dieses Buch sollte dir nicht nur helfen, die Strategien dahinter zu verstehen, sondern vor allem, dich davor zu schützen.

Vielleicht hast du während des Lesens bestimmte Situationen aus deinem eigenen Leben wiedererkannt. Vielleicht hast du begonnen, Muster in deinem Umfeld bewusster wahrzunehmen. Das ist der erste Schritt, um Manipulation zu entlarven und deine eigenen Grenzen klarer zu setzen.

Wichtig ist: Du hast die Wahl. Du kannst entscheiden, wem du deine Energie, dein Vertrauen und deine Aufmerksamkeit schenkst. Manipulation funktioniert nur dann, wenn wir sie zulassen – und mit dem richtigen Wissen und der passenden Haltung kannst du dich davor bewahren.

Ich hoffe, dieses Buch hat dir wertvolle Impulse gegeben und dir gezeigt, dass du nicht machtlos bist. Dein Bewusstsein ist deine stärkste Waffe. Nutze es.

Mara von Eichen

Danksagung

Danksagung

Ein Buch zu schreiben ist nie ein einsamer Prozess – es entsteht aus Gesprächen, Erfahrungen und der Unterstützung von Menschen, die an einen glauben.

Mein tiefster Dank gilt meiner Familie, die mir den Raum gibt, meine Gedanken in Worte zu fassen, und mich stets ermutigt, meinen eigenen Weg zu gehen. Danke für eure Geduld, eure Liebe und euer Vertrauen.

Ein herzliches Dankeschön auch an all jene, die mich auf meinem Weg inspiriert haben – durch ihre Geschichten, ihre Ehrlichkeit und ihre Offenheit. Jede Begegnung, jede Herausforderung und jedes Gespräch hat mich ein Stück weitergebracht.

Und natürlich danke ich dir, lieber Leser, dass du dieses Buch in die Hand genommen hast. Dein Interesse und deine Achtsamkeit zeigen, dass du bereit bist, bewusster hinzusehen und Verantwortung für dein eigenes Leben zu übernehmen.

Danke, dass du Teil dieser Reise bist.
Mara von Eichen

*Erstellung und Gestaltung wurden
mithilfe von WriteControl vorgenommen*